Horoscope Chinois et Numérologie 2024

Angeline Rubi et Alina A. Rubi

Publication indépendante

Copyright © 2024

Auteur : Angeline. Rubi et Alina A. Rubi

Courriel : rubiediciones29@gmail.com

Rédaction : Angeline Rubi

rubiediciones29@gmail.com

Introduction..9

Horoscope chinois années 1960 à 2031................................13

Élément chinois de l'année 2024, le Bois................................19

Qui est le dragon de Bois ?................................21

Prévisions générales pour l'année du dragon................................24

Caractéristiques des signes du zodiaque chinois................................27

Prévisions pour 2024................................68

Combinaison des signes du zodiaque avec les signes de l'horoscope chinois................104

Bélier/Rat................................106

Taureau/Rat................................106

Gémeaux / Rat................................107

Cancer/Rat................................107

Lion/Rat................................108

Vierge / Rat................................108

Balance/Rat................................109

Scorpion / Rat................................109

Sagittaire/Rat................................110

Capricorne/rat................................111

Verseau/Rat................................111

Poisson/Rat................................111

Bélier/Bœuf................................113

Taureau/ Bœuf................................113

Gémeaux / Bœuf................................114

Cancer / Bœuf................................114

Lion/ Bœuf................................115

Vierge / Bœuf................................115

Sagittaire / Bœuf................................117

Capricorne / Bœuf................................117

Verseau/Bœuf................................118

Poisson / Bœuf................................118

Bélier/Tigre 120

Taureau / Tigre 120

Gémeaux/Tigre 121

Cancer/Tigre 121

Lion/Tigre 122

Vierge/Tigre 122

Balance/Tigre 122

Scorpion/Tigre 123

Sagittaire / Tigre 124

Capricorne / Tigre 124

Verseau/Tigre 124

Poisson/Tigre 125

Bélier/Lapin 126

Taureau/lapin 126

Gémeaux / Lapin 127

Cancer / Lapin 127

Lion / Lapin 127

Vierge / Lapin 128

Balance / Lapin 128

Scorpion / Lapin 129

Sagittaire / Lapin 129

Capricorne / Lapin 130

Verseau / Lapin 130

Poisson/lapin 131

Bélier / Dragon 132

Taureau/Dragon 132

Gémeaux / Dragon 133

Cancer/Dragon 133

Lion / Dragon 133

Vierge/Dragon 134

Balance/Dragon 134

Scorpion/Dragon 135

Sagittaire/Dragon 135

Capricorne/Dragon 136

Verseau/Dragon 136

Poissons/Dragons 136

Bélier / Serpent 138

Taureau / Serpent 138

Gémeaux / Serpent 139

Cancer / Serpent 139

Lion / Serpent 140

Vierge/Serpent 140

Balance/Serpent 140

Scorpion/Serpent 141

Sagittaire / Serpent 141

Capricorne/Serpent 142

Verseau / Serpent 142

Poisson / Serpent 143

Bélier / Cheval 144

Gémeaux/Cheval 145

Cancer/Cheval 145

Lion/Cheval 145

Vierge / Cheval 146

Balance / Cheval 146

Scorpion/Cheval 147

Capricorne/Cheval 148

Verseau / Cheval 148

Poissons / Cheval 148

Taureau / Chèvre 150

Gémeaux / Chèvre 151

Cancer / Chèvre 152

Lion / Chèvre 152

Vierge/chèvre 152

Balance/chèvre 153

Scorpion / Chèvre 153

Sagittaire / Chèvre 154

Capricorne / Chèvre 154

Verseau / Chèvre 155

Poisson / Chèvre 155

Bélier / singe 156

Toro/ singe 156

Gémeaux / Singe 157

Cancer / Singe 157

Lion/ singe 158

Vierge/ Singe 158

Balance / Singe 159

Scorpion/singe 159

Sagittaire/ Singe 160

Capricorne / Singe 160

Verseau/ Singe 161

Poissons / Singe 161

Bélier / Coq 163

Toro/Coq 163

Gémeaux / Coq 164

Cancer/Coq 164

Lion / Coq 165

Vierge / Coq 165

Balance /Coq 166

Scorpion / Coq 166

Sagittaire / Coq 167

Capricorne / Coq 167

Verseau/ Coq 168

Poissons / Coq 168

Bélier / Chien 169

Taureau / Chien 169

Gémeaux/Chien 170

Cancer / Chien 170

Lion/Chien 171

Vierge / Chien 171

Balance/Chien 172

Scorpion/Chien 172

Capricorne/Chien 173

Verseau/Chien 174

Poisson / Chien 174

Bélier / Cochon 175

Taureau / Cochon 175

Gémeaux/Cochons 176

Cancer/Cochon 176

Lion / Cochon 177

Vierge/Cochon 177

Balance/Cochon 178

Scorpion/ Cochon 178

Sagittaire / Cochon 178

Capricorne/ Cochon 179

Verseau/Cochon 179

Poisson/Cochon 180

Décorer la maison selon le Feng Shui 181

Théorie des cinq éléments 181

Numérologie 2024 183

Quelle est la signification spirituelle du nombre 2024 ? 184

Les cartes du tarot selon la numérologie 2024 185

Nombre de Trajectoire de vie ou de mission 189

Signification du chiffre 1 190

Signification du chiffre 2 193

Signification du chiffre 3 196

Signification du chiffre 5 202

Signification du chiffre 6 205

Signification du chiffre 7 208

Signification du chiffre 8 211

Signification du chiffre 9 214

Numérologie pour les personnes nées en 2024 220

    Enfant numéro 1 220

Enfants numéro 2 220

Enfants numéro 3 220

Enfants numéro 4 220

Enfants numéro 5 220

Enfants numéro 6 221

Enfants numéro 7 221

Enfant numéro 8 221

Enfants numéro 9 221

Définition de l'année personnelle 222

Année personnelle 1 224

Année personnelle 2 226

Année personnelle 3 228

Année personnelle 4 230

Année personnelle 5 232

Personnel de l'année 6 233

Année personnelle 7 235

Année personnelle 8 236

Année personnelle 9 237

A propos des auteurs 238

Introduction

Le calendrier chinois est ancien et complexe et n'a jamais été simplifié. De nombreuses cultures ont remplacé le calendrier lunaire par le calendrier solaire.

Les calendriers chinois, islamique et juif sont basés sur les phases de la lune. Il s'agit d'un système complexe, car ils ne sont pas seulement régis par les cycles lunaires, mais incluent également le cycle solaire, le cycle de Jupiter et de Saturne.

Les Chinois croient que l'énergie universelle est régie par l'équilibre. Le concept du Yin et du Yang est le plus important de cet équilibre. Le Yin est l'opposé du Yang et vice versa, mais ensemble, ils atteignent l'équilibre total. Cette énergie se retrouve dans tout ce qui existe, dans le matériel et l'immatériel.

Le symbole Ying/Yang est divisé en deux moitiés, l'une noire (Yin) et l'autre blanche (Yang). Les deux moitiés sont réunies au centre par une ellipse qui les relie en une courbe. Leurs couleurs, le noir et le blanc, signifient que la dualité existe et que, pour que l'une existe, l'autre doit indéniablement exister aussi. À l'intérieur du Yin se trouve un cercle Yang, symbolisant le fait que l'obscurité a toujours besoin de la lumière. À l'intérieur du Yang se trouve un cercle Yin, qui symbolise le fait qu'au sein de la lumière, on trouve toujours l'obscurité.

L'ellipse qui les unit signifie que tout coule, se transforme et évolue. S'il y a un déséquilibre dans l'une de ces deux énergies, Yin ou Yang, notre vie n'est pas équilibrée, car ensemble elles se renforcent mutuellement. Il ne faut jamais penser qu'une énergie est supérieure à l'autre : les deux doivent concourir de manière égale.

Malheureusement, dans notre société, nous avons tendance à privilégier l'énergie Yang, pensant que ses caractéristiques sont les plus importantes. Ce faisant, nous créons une division entre les plans spirituel et matériel, car en réduisant la valeur de l'énergie Yin, nous devenons moins réfléchis, pensant que la susceptibilité est mauvaise parce qu'elle implique la fragilité.

Il en va de même pour l'obscurité : non seulement nous l'évitons, mais nous la craignons. Les deux énergies sont importantes. Nous ne pouvons être des êtres spirituels que s'il existe un équilibre entre le Yin et le Yang, car nous ne sommes pas seulement la lumière, mais aussi l'obscurité. C'est une erreur de valoriser et de privilégier la force ou l'action. Nous devons apprécier et valoriser le féminin, le sensible, car ce n'est qu'ainsi que nous pourrons atteindre le véritable équilibre de notre être, à partir d'une position d'amour et de fermeté.

Les énergies Yin et Yang sont présentes dans les signes du zodiaque chinois et ce sont elles qui déterminent les caractéristiques de chaque animal et les éléments qui lui sont associés.

L'énergie Yin est liée à l'obscurité, au froid, au féminin, à l'abstraction, à la profondeur et à la Lune. Les signes Yin sont réfléchis, sensibles et curieux. Il s'agit du bœuf, du lapin, du serpent, de la chèvre, du coq et du cochon.

L'énergie Yang est liée à la lumière, à la chaleur, à la superficialité, au soleil et à la pensée logique. Ce sont des signes impulsifs et matérialistes. Il s'agit du Rat, du Tigre, du Dragon, du Cheval, du Singe et du Chien.

Les énergies Yin et Yang sont liées aux éléments, qui dérivent à leur tour des années dans lesquelles ils apparaissent. Chaque élément possède une énergie Yin et Yang.

- Les années se terminant par le chiffre **0** ont l'élément Métal et sont liées à l'énergie Yang.
- Les années se terminant par le chiffre **1** ont pour élément le métal et sont liées à l'énergie Yin.

- Les années se terminant par le chiffre **2** ont l'élément Eau et sont liées à l'énergie Yang.
- Les années se terminant par le chiffre **3** ont pour élément l'eau et sont liées à l'énergie Yin.
- Les années se terminant par le chiffre **4** ont l'élément s et sont liées à l'énergie Yang.
- Les années se terminant par le chiffre **5** ont pour élément le s et sont liées à l'énergie Yin.
- Les années se terminant par le chiffre **6** ont l'élément Feu et sont liées à l'énergie Yang.
- Les années se terminant par le chiffre **7** ont l'élément Feu et sont liées à l'énergie Yin.
- Les années se terminant par le chiffre 8 appartiennent à l'élément terre et sont liées à l'énergie Yang.
- Les années se terminant par le chiffre 9 appartiennent à **l'**élément terre et sont liées à l'énergie Yin.

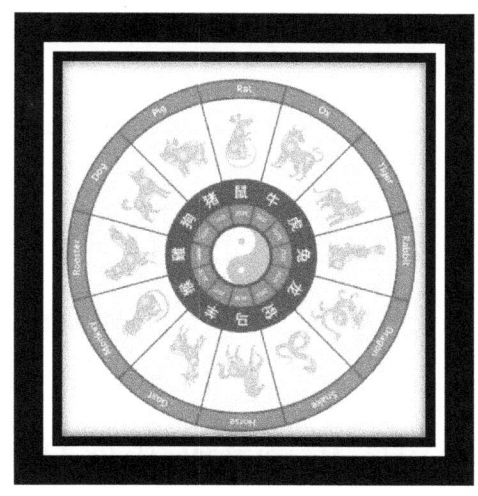

Horoscope chinois années 1960 à 2031

1960 à 1971

Année	Date	Animal et élément
1960	28 janvier - 1961 14 février	Métal Rat
1961	15 février - 1962 04 février	Bœuf métal
1962	05 février - 1963 24 janvier	Tigre d'eau
1963	25 janvier - 1964 12 février	Lapin d'eau
1964	13 février - 1965 1 février	Dragon Bois
1965	02 février - 1966 20 janvier	Serpent de Bois
1966	21 janvier - 1967 08 février	Cheval de feu
1967	janvier 09 - 1968 janvier 29	Chèvre de feu
1968	30 janvier - 1969 16 février	Singe de Terre
1969	17 février - 1970 05 février	Coq de terre
1970	06 février - 1971 26 janvier	Chien de métal
1971	27 janvier - 1972 14 février	Cochon en métal

De 1972 à 1983

Année	Date	Animal et élément
1972	15 février - 1973 02 février	Rat d'eau
1973	03 février - 1974 22 janvier	Bœuf d'eau
1974	23 janvier - 1975 10 février	Tiger Bois
1975	11 février - 1976 30 janvier	Lapin de Bois
1976	31 janvier - 1977 17 février	Dragon de feu
1977	18 février - 1978 06 février	Serpent de feu
1978	07 février - 1979 27 janvier	Cheval de terre
1979	28 janvier - 1980 15 février	Cabra da Terre
1980	16 février - 1981 04 février	Métal singe
1981	05 février - 1982 24 janvier	Coq de métal
1982	25 janvier - 1983 12 février	Chien d'eau
1983	13 février - 1984 01 février	Cochon d'eau

1984 à 1995

Année	Date	Animal et élément
1984	02 février - 1985 19 février	Rat des Bois
1985	20 février - 1986 08 février	Bœuf en Bois
1986	09 février - 1987 28 janvier	Feu Tiger
1987	29 janvier - 1988 16 février	Lapin de feu
1988	17 février - 1989 05 février	Dragon de Terre
1989	06 février - 1990 26 janvier	Serpent de terre
1990	27 janvier - 1991 14 février	Métal cheval
1991	15 février - 1992 03 février	Chèvre en métal
1992	04 février - 1993 22 janvier	Singe d'eau
1993	23 janvier - 1994 9 février	Coq d'eau
1994	10 février - 1995 30 janvier	Chien en Bois
1995	31 janvier - 1996 18 février	Cochon de Bois

De 1996 à 2007

Année Date Animal et élément

1996 19 février 1996 — 6 février 1997 Rat de Feu

1997 7 février 1997 — 27 janvier 1998 Buffle de Feu

1998 28 janvier 1998 — 15 février 1999 Tigre de Terre

1999 16 février 1999 — 04 février 2000 Lapin de Terre

2000 5 février 2000 — 23 janvier 2001 Dragon de Métal

2001 24 janvier 2001 – 11 février 2002 Serpent de métal

2002 12 février 2002 — 31 janvier 2003 Cheval d'eau

2003 01 février 2003 — 21 janvier 2004 Chèvre d'eau

2004 22 janvier 2004 — 8 février 2005 Singe en Bois

2005 9 février 2005 — 28 janvier 2006 Coq de Bois

2006 29 janvier 2006 — 17 février 2007 Chien de feu

2007 18 février 2007 — 6 février 2008 Cochon de Feu

De 2008 à 2019

Année Date Animal et élément

2008 7 février 2008 — 25 janvier 2009 Rat de Terre

2009 26 janvier 2009 — 13 février 2010 Buffle de Terre

2010 14 février 2010 — 2 février 2011 Tigre de métal

2011 3 février 2011 — 22 janvier 2012 Lapin de Métal

2012 23 janvier 2012 — 9 février 2013 Dragon d'Eau

2013 10 février 2013 – 30 janvier 2014 Serpent d'eau

2014 31 janvier 2014 — 18 février 2015 Cheval de Bois

2015 19 février 2015 — 7 février 2016 Chèvre de Bois

2016 8 février 2016 — 27 janvier 2017 Fire Monkey

2017 28 janvier 2017 — 15 février 2018 Coq de Feu

2018 16 février 2018 — 4 février 2019 Chien de Terre

2019 5 février 2019 — 24 janvier 2020 Cochon de Terre

De 2020 à 2031

Année Date Animal et élément

2020 2020 25 janvier — 2021 11 février Rat de Métal

2021 2021 12 février — 2022 31 janvier Buffle de Métal

2022 2022 1er février — 2024 21 janvier Tigre d'Eau

2024 2024 22 janvier — 2024 9 février Lapin d'Eau

2024 10 février 2024 — 28 janvier 2025 Dragon de Bois

2025 2025 29 janvier—2026 16 février Serpent de Bois

2026 2026 17 février — 2027 5 février Cheval de Feu

2027 6 février 2027 — 25 janvier 2028 Chèvre de Feu

2028 2028 26 janvier — 2029 12 février Singe de Terre

2029 2029 13 février — 2030 2 février Coq de Terre

2030 3 février 2030 — 22 janvier 2031 Chien de métal

2031 2031 23 janvier — 2032 10 février Cochon de Métal

Élément chinois de l'année 2024, le Bois

L'élément de l'année 2024 est le Bois. Le Bois est un élément créatif. Si cet élément correspond à votre année de naissance, vous devriez canaliser ces énergies de manière créative. Le s symbolise la compassion et la tolérance. Si vous souhaitez exploiter ces énergies, il est important de vous entourer de plantes naturelles, de fleurs et d'objets verts tout au long de l'année.

Le Bois est un élément lié à la capacité de planifier et de prendre des décisions ; 2024 sera donc une année de développement, d'évolution et d'épanouissement.

Cet élément est lié à la digestion, à la respiration, au cœur et au métabolisme et, dans la médecine traditionnelle chinoise, il assure un flux continu d'énergie. En ce qui concerne les sentiments, cela se traduit par l'expression correcte de nos émotions.

Le Bois nous aidera à prendre conscience et à comprendre la réalité objective au cours de l'année 2024. Cela nous donnera de la fermeté et de l'empathie dans nos relations. Le s, lié à notre personnalité, nous apportera la bonne dose d'enthousiasme, d'esprit de décision et de dynamisme pour pouvoir agir et faire face à tous les défis de cette année.

Le Bois est l'élément dont nous avons besoin cette année pour prendre les décisions nécessaires, pour les changements indispensables. Avec cet élément, nous aurons les bonnes stratégies et la capacité d'organiser et de garder le contrôle sur tous les processus, mais nous resterons également flexibles.

Qui est le dragon de Bois ?

Le dragon de Bois est un individu très créatif qui aime tenter sa chance dans tous les domaines de sa vie. Il est connu pour avoir des idées originales et pour être concentré. Les dragons ont des personnalités extravagantes, exsudent la sensualité, sont lascifs et ont une forte attirance pour le sexe opposé.

En Chine, l'année du dragon est considérée comme la plus prospère et la plus bénie, et c'est traditionnellement l'animal le plus aimé. Selon certaines légendes, les empereurs sont la réincarnation des dragons dans cette vie. Le dragon de s est joyeux, aime les fêtes et le plaisir, ne pense parfois qu'à s'amuser et n'a aucune envie de prendre la vie au sérieux.

Le Dragon, avec ses pouvoirs magiques, peut s'élever à des hauteurs éthérées ou plonger dans les profondeurs de l'océan. Le dragon est habile, fort et puissant, mais il possède une aura magnétique, est intuitif et prospère. En raison de ses caractéristiques, de son caractère et de sa passion, le dragon est le mieux placé pour être un leader.

Dotés d'un courage naturel, de ténacité et d'intelligence, les Dragons sont enthousiastes et naïfs. Ils n'ont jamais peur des défis et acceptent tous les compromis. Cependant, les Dragons sont parfois violents et ne détestent pas la critique.

Les dragons aiment être à l'extérieur, c'est pourquoi 2024 verra des transformations liées aux économies d'énergie, à la technologie, aux soins marins et au changement climatique. La technologie connaîtra des avancées extraordinaires dans les domaines de l'environnement, des réseaux sociaux et du commerce numérique.

Les dragons ont une vue d'ensemble de tout ce qui se passe ; c'est donc une année pour produire quelque chose dans la communauté et répandre le changement à l'échelle mondiale.

Pendant les années du Dragon de s, tout semble plus gigantesque, et cela s'applique aussi bien aux malheurs qu'aux triomphes, ce qui explique pourquoi des conditions météorologiques extrêmes et des catastrophes naturelles sont susceptibles de se produire. Cependant, grâce à la noblesse, à la gentillesse et à la miséricorde du Dragon de s, tous les gens se rassembleront pour s'encourager et se soutenir mutuellement, ce qui augmentera notre sens de l'empathie.

Être pieux et charitable est la chose la plus importante en cette année 2024, tout comme partager du temps avec sa famille et ses amis proches. À mesure que nous devenons plus unis, la communication sera l'outil le plus important pour maintenir la paix dans le monde et dans nos vies.

Prévisions générales pour l'année du dragon

L'année sensationnelle du dragon de Bois vert commence le 10 février 2024. Selon l'astrologie chinoise, le vert symbolise la vie, le changement et la croissance. La planète associée est Jupiter, une planète très bénéfique ; nous récolterons les fruits semés en 2023.

L'année du Dragon 2024 apportera la bonne fortune, la prospérité, le bien-être et le progrès. Il y aura de nombreuses opportunités de croissance et de transformation, mais aussi des défis et des complications, ce qui soulignera le besoin de pardon, d'empathie et de décisions pacifiques.

Dans les années Bois, la vie récompense les personnes sociables et professionnelles. Obtenir un diplôme ou voyager sont quelques-unes des possibilités qui s'offrent à vous cette année.

Nous aurons l'occasion de développer nos compétences en matière de leadership. C'est une année de nouveaux départs et de création de structures qui dureront à long terme. Cette année du Dragon est propice au changement et à la croissance, car l'énergie du Dragon de s a la capacité d'inspirer de nouvelles idées et de stimuler notre imagination.

Nous passerons par des phases difficiles, mais c'est à ce moment-là qu'il faut utiliser l'énergie du dragon pour surmonter les défis. Au cours de l'année, n'oubliez pas que le dragon personnifie le changement et l'adaptabilité, des caractéristiques qui nous aideront à grandir et à nous renouveler.

2024 sera une année riche en événements et en possibilités d'évolution ; nous connaîtrons de nombreux conflits politiques, économiques, relationnels et environnementaux, soulignant que les solutions pacifiques sont la réponse à tout problème.

Cette année nous incitera à faire de nouvelles affaires et à nous développer dans le monde des affaires, car l'énergie du Dragon et ses qualités de courage et d'ambition nous inspireront. Nous développerons de nombreuses capacités d'adaptation, et la patience et la persévérance nous permettront de surmonter toutes les adversités et d'avancer vers le succès. C'est également une année propice pour travailler sur notre croissance spirituelle, et il est très important de rester concentré sur nos objectifs.

En bref, ce sera une année de changements positifs et de progrès significatifs dans nos vies, au cours de laquelle nous aurons l'occasion de trouver l'amour, de renforcer une relation, et de connaître la prospérité économique et spirituelle.

Caractéristiques des signes du zodiaque chinois

Rat

Caractéristiques

Les rats sont des animaux rusés. Ils savent surmonter les difficultés de manière intelligente, même s'ils sont toujours pris au piège. Ils sont rusés parce qu'ils manipulent les circonstances en leur faveur. Ils sont violents, cherchent à atteindre leurs objectifs rapidement, se concentrent sur la conclusion, quitte à souffrir ou à faire souffrir les autres.

Au travail, vos collègues se sentiront impuissants parce qu'ils ne peuvent pas travailler à votre rythme et, bien que ce ne soit pas votre intention, vous vous ferez beaucoup d'ennemis. Vous tenterez d'obtenir les postes les plus importants de votre entreprise. Rien ne vous arrêtera, vous n'aurez aucun scrupule car votre réussite est la priorité. L'argent est la chose la plus importante dans votre vie, vous transformerez tout en argent, y compris vos productions artistiques, car vous avez une tendance à la créativité. Vous pouvez avoir des désaccords avec des amis à cause de leur agressivité.

En amour, le rat n'a aucun problème à montrer son affection, même s'il est plus impulsif que romantique. Si l'autre ne leur rend pas la pareille, ils essaieront de gagner leur amour par tous les moyens.

Malgré son caractère bon marché, son pouvoir d'attraction exerce une force immense sur les autres, ce qui explique qu'il ne manque jamais d'admirateurs. À première vue, le Rat semble réservé, mais ce n'est pas le cas. Les personnes de ce signe sont très sociables et aiment les fêtes. Les personnes de ce signe sont très sociables et aiment les fêtes. Les Rats aiment leurs amis et leur famille et se mêlent souvent des problèmes des autres.

La capacité d'aimer du Rat n'est dépassée que par sa malice et son attachement à l'argent. Il ne se soucie jamais d'avoir quelqu'un à nourrir et permet à sa famille et à ses amis de rester chez eux et de trouver un soutien dans sa maison, car la prudence du Rat lui permettra toujours de payer plus facilement le loyer.

Le Rat ne sait pas garder les secrets et, lorsqu'il s'agit de confidences, il n'est pas très honnête et, s'il doit utiliser les informations qu'il a obtenues, il est capable de profiter des erreurs d'autrui. Bien que réservé dans ses sentiments, le Rat, lorsqu'il est nerveux, devient impertinent et, étant si dynamique et travailleur, il supporte mal la paresse et le gaspillage. Parmi les aspects destructeurs, on trouve la maîtrise du commérage, de la censure, des analogies, de la malveillance et du marchandage.

Les rats achètent parfois des choses dont ils n'ont pas besoin et se laissent toujours abuser par les réductions. Il y aura toujours beaucoup de souvenirs et de déchets émotionnels confinés dans leur esprit et dans leur maison. Ils ont un œil vif pour les petites choses, une grande capacité de mémoire et sont extraordinairement curieux.

Elles ont la capacité de lutter contre les difficultés et sont à l'aise lors des conflits. Elles agissent de manière responsable et mature et sont perspicaces. L'obstacle qu'ils rencontrent souvent est la cupidité. Le rat ambitieux devra traverser au moins une crise économique difficile dans sa vie pour se rendre compte que l'avidité ne paie pas,

Le Rat est attiré par les personnes du signe du Bœuf, en qui il trouve force, confiance et dévouement.

Les puissants Dragons sont également compatibles avec le Rat. Ils trouvent les Serpents intelligents et séduisants, avec lesquels ils établissent des partenariats avantageux. Hypnotisé par l'autorité et la brillance, le Rat sera toujours victime du charme incessant du Singe et ressemble à l'habileté avec laquelle le Singe agit.

Il sera toujours en conflit avec le signe du Cheval, trop autonome pour la singularité du Rat. La relation avec le Coq est également imprudente, car son idéalisme exaspère le sens matérialiste du Rat. La relation avec la Chèvre est fatale, car son bonheur ferait se dissiper les économies du Rat.

Bœuf

Caractéristiques

Les bœufs sont des animaux conformistes et sereins. Ils aiment le travail, mais pas au point d'y passer toute la journée. Ils apprécient leur temps libre et trouvent toujours de quoi se distraire. Ils ont une personnalité polie et les conversations avec eux sont douces et agréables. Cependant, elles détestent la controverse et préfèrent avoir raison plutôt que de causer du mécontentement par le biais d'un conflit. Ils ne voient pas d'inconvénient à être les seuls à être d'accord dans la plupart des scénarios, même si un jour ils risquent d'exploser et de choquer tout le monde par leur mauvaise conduite.

Elles détestent être impliquées dans des conflits et préfèrent un emploi confortable et stable, même s'il est mal payé, car elles ne supportent pas le stress d'un emploi mieux rémunéré. Elles ne laissent jamais les choses à moitié faites, même si elles doivent passer plus de temps à les terminer. Bien qu'ils n'aiment pas discuter, ils aiment être responsables et respectés, et il est donc probable que nous verrons s dans des positions d'autorité. Il s'agit d'un leader agréable et confortable, à condition qu'il ne soit pas contrarié.

En dehors des heures de travail, ils sont affectueux et ne maltraitent jamais les personnes avec lesquelles ils vivent. S'ils sont laissés à eux-mêmes et que personne ne se mêle de leurs affaires, la cohabitation sera excellente.

En amour, ce sont des personnes jalouses, il faut donc veiller à ne pas troubler leur tranquillité. Ils sont fidèles et exigent la même chose de leur partenaire. Ce sont des amants sensuels et la cohabitation avec le Bœuf est bonne si l'on sait que tout ce qu'il entreprend est fait avec de bonnes intentions.

Les personnes qui aiment enquêter sur le passé de leur partenaire et qui veulent le manipuler ne conviennent pas à une relation avec le Bœuf, car il aime la paix et déteste communiquer les choses de son passé.

Le Bœuf est conscient que lorsque les choses sont faites correctement, le succès est durable. Il ne croit pas au destin ou à la chance et atteint ses objectifs grâce à son obstination et à son travail acharné. On peut compter sur lui car il tient ses promesses.

L'opinion des autres n'a pas d'importance pour lui. Il se donne toujours à fond dans tout ce qu'il a à faire et ne laisse jamais rien inachevé.

Ce ne sont pas des personnes qui aiment les détails, alors ne vous attendez pas à des poèmes ou des chansons, car leurs cadeaux seront toujours simples et sans prétention. Traditionnelles, elles ont tendance à avoir un penchant pour les relations longues, car elles ont besoin de temps pour établir la confiance. Ils sont flegmatiques lorsqu'il s'agit de changer et de montrer leurs vraies émotions. Ne méprisez jamais un Bœuf, car il vaut son pesant d'or et son esprit a la capacité de conserver longtemps tous les détails d'une humiliation.

Le Bœuf déteste avoir des dettes, il paiera toujours ce qu'il doit et il est impardonnable de ne pas être remercié. Aucun remerciement ne sortira jamais de sa bouche, car il pense que les actes sont plus éloquents que les paroles. Il faut faire très attention à la tolérance du Bœuf, car lorsqu'il perd son sang-froid, il ne raisonne pas, bien que cela arrive rarement.

Dans sa manifestation négative, le Bœuf est étroit d'esprit, n'a aucune considération pour les autres, même si tout le monde le respecte et l'admire pour sa sincérité et la fermeté de ses valeurs.

Son caractère affable fait de lui un excellent homme d'affaires, car il veillera toujours à ce que toutes les précautions soient prises pour que sa famille ne manque pas de richesses. Sa vie tourne autour de son foyer et de son travail ; il préfère donc les risques calculés et à long terme.

De mœurs modérées, l'insécurité le décourage. Le coq est le partenaire idéal pour lui. Tous deux sont puissants et assidus. Les relations avec le Rat ou le Serpent seront également bénéfiques, car tous deux travailleront dur avec le Bœuf. Il ne fait pas bon ménage avec la Chèvre, le Tigre ou le Chien, qui sont rebutés par son formalisme excessif.

Tigre

Caractéristiques

Le tigre est un animal qui mérite d'être admiré. Il peut se laisser câliner par ses proches, mais il aime généralement garder ses distances. Parfois, si les autres l'admirent, ils sont aussi méfiants, voire jaloux.

Le tigre aime tout ce qui est mouvement, il n'est jamais calme, il agit toujours avec audace, en cherchant le chemin le plus direct qui le mènera à son but. Il ne se soucie pas de la forme, la seule chose qui compte pour lui, c'est la vitesse.

La personnalité de Tiger est très attrayante, il communique très bien et a la capacité d'être un leader.

Le Tigre choisit généralement des professions à haut risque, rejetant les emplois de bureau tranquilles ou les emplois qui prennent beaucoup de temps pour obtenir un résultat. Il justifie ses idées chaque fois que cela est nécessaire, crie ce qu'il déteste dans le monde et se bat pour le changer. Il ne tolère pas l'injustice, ni ceux qui s'opposent à ses idées.

Leur capacité à se battre les rend infatigables, et cette vertu en amour est merveilleuse. Le seul problème est que, bien qu'ils nous aiment, ils peuvent cesser de nous aimer parce qu'ils sont un peu capricieux et, parce qu'ils aiment les risques et les aventures, ils sont enclins à l'adultère.

Ils ne sont pas vindicatifs, ils sont jaloux, spontanés, affectueux, beaux et ont un sens de l'humour unique. Les tigres ont besoin de s'exprimer et, lorsqu'ils sont angoissés, exigent une affection transparente. Être instable, c'est être indigne d'eux et cela ne donne jamais les résultats escomptés.

Aussi mélancolique qu'il puisse paraître, aussi difficile que soit le désespoir dans lequel il se trouve à un moment donné, ne pensez jamais qu'il abandonnera.

Il déteste être oublié et ses deux défauts les plus évidents sont la rapidité et l'insécurité, mais s'il parvient à trouver un équilibre, il sera un gagnant.

Son apparence est généralement alerte, innocente et lumineuse, ce qui explique qu'il reçoive tant de compliments. Ne pensez donc pas à le taquiner ou à le critiquer de manière inappropriée, mais n'oubliez pas qu'il a de beaux ongles cachés et toujours pointus.

Le tigre aime être à la mode et adore se faire dorloter, passant des heures dans les centres commerciaux et s'embellissant dans les salons de coiffure. Il est extrêmement tolérant et compréhensif envers ses enfants, qualités qui lui permettent d'entretenir d'excellentes relations avec eux.

Les tigres sont romantiques, enthousiastes et sensibles. Les hommes et les femmes sont trop contrôlants et capables de déclencher des conflits en cas de ressentiment.

Il s'entend très bien avec le Cochon, qui assaisonnera parfaitement ses coups de gueule et lui donnera confiance en lui. Le Tigre aura une excellente amitié avec le Chien, qui est capable non seulement de l'apprivoiser, mais aussi de le raisonner. Le Cheval sera également un excellent compagnon pour le Tigre, car ils sont d'accord sur de nombreux aspects de la vie.

Le Rat, la Chèvre et le Coq n'ont aucune difficulté à entrer en relation avec le Tigre. L'association entre le Tigre et le Bœuf, le Serpent ou le Singe n'est pas appropriée.

Lapin

Caractéristiques

Les lapins ont tendance à se préoccuper des autres et peu d'eux-mêmes. Les problèmes des autres les inquiètent et ils essaient donc de les aider dans la mesure du possible. Ils sont très affectueux et compréhensifs. Lorsqu'ils entendent parler de problèmes mondiaux, ils ont envie d'envoyer de l'argent ou de créer des mouvements pour changer le monde, mais ils n'agissent jamais.

Vous les verrez peut-être tristes pour d'autres raisons, qu'ils voudront peut-être partager avec toute personne disposée à les écouter. S'ils ont une formation académique, ils peuvent être d'excellents orateurs ou exercer des métiers qui impliquent des qualités telles que la diplomatie ou la politique. Ils ont la capacité d'être émus par les sentiments des autres et, lorsqu'ils lisent un livre, ils peuvent s'identifier profondément aux personnages. C'est pourquoi ils font d'excellents conseillers et leurs amis admirent leur tendresse.

Ils ont une forte tendance à idéaliser les autres et pensent qu'ils reçoivent autant qu'ils donnent, ce qui peut entraîner des déceptions et des ruptures inattendues. Les lapins doivent comprendre que certaines relations ne sont pas éternelles et accepter les défauts des autres comme inévitables, car personne n'est parfait.

Bien qu'ils veuillent être heureux et vivre en paix, leur quête exaspérée de ces vertus peut être contrariée par leur tendance à fuir la réalité. Cependant, elles sont capables de surmonter les conflits comme aucun autre signe, car elles sont habituées aux déceptions et aux échecs.

Les lapins sont créatifs et ont le sens du détail. Leur intelligence pénétrante et leurs talents de négociateur leur garantissent une promotion dans n'importe quel emploi. Malgré leur identité docile, les lapins sont particulièrement sûrs d'eux.

Il atteint ses objectifs avec détermination et, s'il semble parfois prendre du retard, c'est grâce à son sens de la prudence. Alors que tout le monde est impatient d'arriver au bout du chemin, le Lapin pense que demain tout sera pareil. En résumé, le Lapin sait vivre et est prêt à laisser vivre les autres. Mentalement, il n'oublie aucun détail, ni les erreurs, ni les succès. Mais si ce qu'ils apprécient n'est pas si difficile ou définitif, ils laissent tomber. Cette caractéristique les rend aimés et populaires. N'attendez même pas du Lapin qu'il se batte pour vous, car ce serait trop demander. Il peut vous prêter de l'argent, mais pas plus. Et si vous êtes excessivement irritant, vous pouvez être sûr qu'il cherchera un moyen de disparaître élégamment de votre vie.

Un lapin non évolué sera trop imaginatif, trop sensible ou trop froid. Il déteste partager la souffrance, la sécurité est son obsession et il évite les situations dangereuses. Il fuira les conflits, semblant insensible ou craintif. Son gagne-pain sera sa préférence dans la vie et il ne croira pas que les autres peuvent s'occuper de lui.

En général, les lapins se remettent facilement des crises et, bien qu'ils semblent fragiles, leur ténacité se manifeste au bon moment. Ils sont très agréables et apprécient donc beaucoup de choses que les autres ne remarquent pas. Les lapins sont compatibles avec les chèvres, avec lesquelles ils partagent l'amour du bien-être tangible.

Il aura également de bonnes relations avec le Chien ou le Cochon. Mais il ne supportera pas la vanité ou les reproches du Coq, et n'aura pas peur du Tigre, qu'il évitera comme le Cheval.

Dragon

Caractéristiques :

Comprendre une personne du signe du Dragon est quelque peu compliqué. Cet animal a la capacité de persuader toute personne qui n'est pas très perspicace, mais il se fera croire si son auditoire a une faculté mentale conventionnelle. C'est pourquoi il est susceptible de se sentir seul de temps en temps. Le Dragon apprécie cette qualité d'être différent et s'en sert pour échapper aux engagements sociaux.

Ses amis s'amusent beaucoup avec lui parce qu'il est spontané et qu'on ne peut jamais deviner ce qu'il va faire. C'est un travailleur indépendant qui essaie de n'avoir besoin de personne pour son travail. C'est pourquoi vous le trouverez en train de créer sa propre entreprise et de la développer avec des idées brillantes.

Le Dragon pense qu'il a toujours raison et, même s'il se trompe, pour lui ce sera une tentative ratée, obligatoire dans le circuit de l'évolution vers un plus grand progrès, qui ne lui permettra pas d'autres erreurs.

Certains seront enthousiastes et obéiront au dragon, d'autres le détesteront et essaieront de lui tendre des pièges, d'autres encore le verront de loin comme un spécimen rare, sans l'approcher.

Les autres signes ne savent pas comment se comporter avec le dragon, mais les dragons ont appris, grâce à leur intelligence, à agir différemment pour s'adapter aux autres. Tous les dragons ne possèdent pas cette capacité. La plupart des dragons ont tendance à rester tels qu'ils sont parce qu'ils pensent que forcer leur façon d'être est une perte d'énergie inutile et que ce sont les autres qui doivent s'adapter, et non eux-mêmes.

Il est possible que, malgré une intelligence vive, le Dragon soit parfois inconscient de beaucoup de choses qui se passent au niveau humain, comme les doubles intentions et toutes les qualités humaines avec une tendance à la tricherie et à la perversion. Pour cette raison, les Dragons peuvent souffrir de moments critiques dans leurs relations en général.

Bien que les dragons aiment la beauté, ils ont tendance à avoir une passion éphémère si Cupidon les trompe. Ils cherchent immédiatement un autre partenaire avec lequel ils pourront vivre des moments de passion éphémères. Seul un partenaire rusé et subtil comme le dragon est capable de les courtiser.

Ils ne sont pas jaloux car ils n'ont jamais eu de raison de l'être. Et si leur partenaire est infidèle, ils le considèrent avec philosophie. Ils recherchent de nouvelles expériences chez leur partenaire et, dès que la personne ne leur offre rien de nouveau, ils commencent à chercher quelqu'un d'autre.

Le Singe et le Dragon sont inéluctablement attirés l'un par l'autre, car tous deux succombent à l'attrait des qualités extérieures de l'autre. Le Dragon et le Rat forment une combinaison inséparable, la malice du Rat remplaçant l'innocence du Dragon, tandis que la puissance du Dragon favorise l'impuissance du Rat.

Le Serpent aide à calmer les dérapages causés par les impulsions du Dragon et lui donne la stabilité dont il a besoin pour profiter de son intelligence lorsqu'il peut s'arrêter et réfléchir. Le Tigre, le Coq, le Cheval, la Chèvre, le Lapin et le Cochon demandent au Dragon de les protéger et de partager leurs biens avec eux.

Deux dragons peuvent s'entendre s'ils s'unissent pour former un tout invulnérable, tout en sachant qu'ils ne doivent pas rivaliser sous peine de s'écraser l'un l'autre et d'annuler leurs capacités respectives.

Serpent

Caractéristiques

Le Serpent possède des facultés paranormales ou psychiques. Son fameux sixième sens lui permet de prévoir les risques et de prendre des risques aveugles avec de nouveaux projets, simplement parce qu'il a eu une intuition.

Le Serpent est perspicace et est capable de mettre en lumière les actes difficiles des êtres humains. C'est pourquoi on trouve des psychologues, des médiums et des parapsychologues parmi les personnes de ce signe.

Le Serpent sait aider les nécessiteux, tant que cela n'affecte pas son compte en banque. Il a parfois tendance à être matérialiste et, bien qu'il ne soit pas avare, il a du mal à lâcher prise. Elle a tendance à épargner de manière excessive et ne parvient pas à trouver le bon usage de cet argent, car l'idée de le dépenser l'angoisse. Cependant, elle aime jouer à certains jeux, car elle est née avec une étoile.

Ils sont possessifs en amour et ne supportent pas d'être trompés par leur partenaire, d'où leur jalousie. Les serpents sont vaniteux, bons amants et aiment être dominés par une autre personne en toute tranquillité. Ils sont sereins et détestent les surprises. Ils sont paternalistes, mais sont très durs lorsqu'il s'agit d'exiger quelque chose d'autrui.

Les serpents aiment l'abondance et s'entourer de beauté. C'est pourquoi de nombreux Serpents recherchent des partenaires ayant un statut économique. Le Serpent a peu de chances d'avoir des problèmes d'argent car il obtient ce dont il a besoin au bon moment. S'il subit une grosse perte financière, cela ne se reproduira pas, car le Serpent assimile rapidement. Il peut combler les déficits avec une rapidité extraordinaire et est généralement très sensible dans les négociations.

Lorsqu'un Serpent est plein de rage et de fureur, son ressentiment ne connaît pas de limites, son hostilité furtive et taciturne s'enracine intensément. Sa rage se révèle plus dans les humiliations que dans les querelles violentes. Il a toujours une longueur d'avance sur tout soupçon et a le pouvoir d'attendre le bon moment pour se venger.

Quant au partenaire, il est guidé par ses règles. Elle aime le pouvoir et tout ce qu'il symbolise, y compris, bien sûr, l'argent, et si elle ne peut l'obtenir pour elle-même, elle épousera celui qui le possède ou entrera dans la société.

Quel que soit le degré de prospérité ou d'indigence de votre partenaire, il deviendra votre source de capital. Et si par hasard il n'a pas atteint une position importante, mais qu'il possède les compétences nécessaires, le Serpent le poussera vers le succès. Il étudiera ce qui est nécessaire et procédera comme un magistrat admirable, en ne manquant jamais de lui indiquer astucieusement toutes les opportunités qui se présentent sur le chemin. Tous les serpents ont un grand sens de l'humour. Dans les difficultés, le Serpent trouve toujours une blague qui remonte le moral. Même dans les pires difficultés, le Serpent ne manquera jamais d'utiliser cette étincelle.

Les meilleures relations pour le Serpent sont celles avec le Bœuf, le Coq et le Dragon. Il forme également une bonne combinaison avec le Rat, le Lapin, la Chèvre et le Chien.

Vous devez vous tenir à l'écart du Tigre, qui n'appréciera peut-être pas votre ruse. Le Cheval est un parent vulgaire et la malice du Singe remettra en cause le jugement du Serpent.

Entre deux Serpents, il peut y avoir une harmonie paisible, mais avec le Cochon, ils n'ont rien en commun.

Cheval

Caractéristiques

Le cheval est impulsif, car il court vers ses objectifs sans réfléchir. C'est comme s'il n'avait jamais connu de difficultés ou rencontré d'obstacles, grâce à sa capacité à échouer et à ne pas perdre la volonté de gagner.

Ils sont charmants et ont tendance à parler sans réfléchir. Lors d'une soirée mondaine, le cheval fait rire tout le monde et les visages empoisonnés des personnes présentes ne le dérangent pas, car il n'a le temps que de penser à lui et d'atteindre ses objectifs. Cependant, il ne le fait pas avec de mauvaises intentions, car ses attitudes sont le résultat d'un manque de bon sens et de maturité, et s'il se rend compte qu'il a commis une erreur, il a la capacité de s'excuser et de se repentir de bon cœur.

Les chevaux n'aiment pas être dépendants et s'ils doivent supporter un patron au travail, ils l'apprécient beaucoup. Ils détestent les lois de ceux qu'ils estiment moins bien lotis qu'eux, même si ces personnes occupent des postes plus élevés. C'est pourquoi ils essaieront toujours d'être des professionnels indépendants et de posséder leur propre entreprise.

Bien que Cavallo aime être apprécié, il est convaincu que son travail est magistral. Cette évidence l'aveugle parfois, croyant pouvoir confondre les autres en s'exhibant sous leurs yeux.

Ils aiment se sentir libres, la notion de foyer ne leur convient pas et, bien qu'ils soient satisfaits et trouvent toujours un travail qui leur plaît, les sorties entre amis et les fêtes leur manquent. Vous aimez le changement, les défis et le danger. Si on vous propose un travail instable mais qui vous donne la possibilité de progresser dans votre carrière et d'améliorer votre statut social, vous l'accepterez sans hésiter.

En amour, vos intentions vous amènent à choisir des partenaires qui ne vous conviennent pas ; vous pouvez tomber amoureux de quelqu'un qui vit dans un autre pays ou de quelqu'un qui est fiancé.

Malgré cela, elles recherchent la stabilité dans une vie trépidante. Le partenaire qui les soutiendra sera donc celui qui parviendra à trouver un équilibre entre une vie trépidante et quelques escapades dans la clandestinité. Elles sont incontestablement joyeuses et utilisent leur pouvoir d'attraction pour obtenir ce qu'elles veulent.

Du côté négatif, le Cheval est impétueux et dangereux. Il est généralement prompt à oublier ses malheurs, ce qui lui fait perdre l'admiration de son cercle d'amis. À l'occasion, il exerce aussi une coercition féroce lorsque les gens n'obtiennent pas ce qu'il veut. Le Cheval donne peu par rapport à ce qu'il exige, devenant égoïste surtout lorsqu'il s'agit d'attention.

Il est parfois généreux avec l'argent, mais il n'est pas aussi restrictif avec lui qu'avec ses énergies, qu'il veut toujours adéquates à ses objectifs.

Dans la vie de tous les jours, le cheval se fait des amis auxquels il accorde une confiance hésitante et qu'il abandonne dès qu'ils l'ennuient, de sorte qu'il semble que rien de ce qu'il souhaite ne se soit produit. Il est sensible, mais s'il se met en colère, il n'hésite pas à faire mal avec ses mots.

Si vous aimez vraiment un cheval, ne l'enfermez pas. Passionnés et débridés, ils ont des relations houleuses qui ne se terminent pas bien. Ce n'est qu'en grandissant, et à contrecœur, qu'ils acceptent leurs engagements.

La chance peut les accompagner avec de l'argent à différents moments de leur vie, mais cela ne garantit pas leur avenir car ils ne savent pas gérer leur économie. Ils avouent ne pas s'en préoccuper, mais ils font beaucoup confiance à la chance et savent que quelque chose ou quelqu'un les sauvera toujours.

Ils sont dramatiques et racontent des mensonges, qui sont pour eux, bien sûr, miséricordieux, parce qu'ils les aident à persuader les autres, qu'ils fuient avant de prendre conseil.

Le Tigre, le Chien et la Chèvre seront vos meilleures relations sur la route dans tous les domaines. Vous pourrez également vivre des moments magiques avec le Dragon, le Serpent, le Singe, le Lapin, le Cochon, le Coq ou un autre Cheval.

Pour le Rat, le Cheval est trop sauvage et instable. Le Bœuf n'accepte pas non plus les divergences du Cheval et sa créativité, au lieu d'être une caractéristique positive, semble être une qualité qui le mène à sa perte.

Chèvre

Caractéristiques

La Chèvre a une personnalité mélancolique qui apparaît lorsqu'elle a passé une longue période à supporter en silence une sorte de déloyauté. Elle ne se plaint pas, a du mal à exprimer ses émotions et il est donc difficile de comprendre ce qui la tracasse. C'est pourquoi elle peut soudainement le manifester de manière exagérée. Ses proches émettent des signaux d'alerte lorsque quelque chose les choque.

Elle travaille bien lorsqu'elle n'est pas sous pression, mais lorsqu'elle est sous pression, elle se fige. Elle ne se sent pas en sécurité dans son travail si elle n'est pas encouragée ou félicitée. Elle ne tolère pas les mensonges, mais n'aime pas les vérités directes. Lors de l'évaluation de son travail, il est préférable de commencer par des félicitations et de poursuivre par une réprimande constructive.

Il arrive qu'elle se retrouve en position d'autorité. Dans ce cas, la chèvre parvient à trouver un équilibre entre la galanterie et la méfiance.

En amour, ils sont affectueux, amicaux et très tolérants. Si vous êtes apprécié, vous pouvez être le partenaire le plus merveilleux, car lorsque vous êtes heureux, vous le projetez sur les autres et rendez la vie plus agréable à ceux qui vous entourent. Cependant, si quelque chose vous met mal à l'aise, vous le gardez pour vous et, au moment où vous vous y attendez le moins, vous explosez dans une dispute irritante avec votre partenaire.

La chèvre est très passionnée. Elle n'est pas toujours capable de dire si elle vous désire vraiment ou si c'est un caprice. Les chèvres sont très réceptives aux démonstrations d'affection et sont capables d'aimer ceux qui montrent le moindre signe de romance.

Être triste et ne pas savoir gérer ses émotions est votre côté le plus négatif. Un autre de vos défauts est que vous dépensez trop et que vous gaspillez l'argent comme s'il ne vous appartenait pas.

La Chèvre est sympathique envers les autres, n'aime pas les critiques, est d'humeur changeante et subjective.

La Chèvre a une chance fantastique, les gens lui donnent souvent de l'argent ou lui laissent un héritage. La Chèvre n'oublie jamais les anniversaires ou toute autre occasion spéciale, car elle est très traditionnelle.

Les revers la rendent tellement folle qu'elle ne peut les surmonter.

En matière d'esthétique, la Chèvre ne vous trompera pas, car elle a un goût fin et élégant et des manies. Mais n'oubliez pas qu'elle aime aussi dépenser beaucoup et qu'elle n'est pas pratique. Si vous avez un ascendant comme le Dragon, le Serpent ou le Tigre, il n'est pas conseillé de faire un travail qui demande trop de responsabilités.

Tout ce qui est grotesque les décourage. Elle est si sensible à l'harmonie que son humeur dépend de son environnement. La Chèvre travaille mieux dans des environnements aérés avec des ornements charmants. Elle a besoin du soutien de personnes dynamiques et honnêtes.

Le Cheval, le Cochon et le Tigre ont des caractéristiques joyeuses qui amélioreront le tempérament de la Chèvre. Elle s'entendra bien avec le Lapin, le Singe, le Dragon, le Coq, le Serpent et une autre Chèvre.

Singe

Caractéristiques

Le Singe est le signe qui suscite le plus de discussions. Certains les voient comme perspicaces et très joviaux, d'autres les classent comme insolents et libertins, tandis que le partenaire sera subjugué par le fait d'avoir conquis l'être le plus passionné de l'univers. Leur façon d'être est savamment adaptée à leur environnement et ils sauront comment procéder en toutes circonstances. Cependant, s'il en a envie, il peut commencer à faire le pitre dans la fête et même blesser quelqu'un avec ses solides arguments. Le Singe se soucie peu des sentiments des autres, car il ne les comprend généralement pas bien.

En cas de dispute, il est préférable de l'ignorer, car si vous essayez de discuter avec lui, cela ne servira à rien. Il est conseillé de s'inspirer de leurs compétences pour sortir des conflits avec succès.

En amour, ils tombent rarement éperdument amoureux. Ils préfèrent que ce soit l'autre qui tombe amoureux ; leurs passions sont éphémères. Elles sont plus intéressées par une aventure d'un soir que par les responsabilités du foyer et, si elles se marient, ce sera après une série d'accords ou peut-être après avoir rencontré quelqu'un qui leur ressemble.

Les singes sont têtus et ont toujours une solution aux problèmes qu'ils rencontrent. Créer une entreprise avec eux, même si c'est fatigant, est une bonne idée car ils apporteront tout ce qu'ils savent et ont pour la faire réussir. C'est cette capacité à gagner qui les rend si doués pour la réussite, ce qui explique qu'ils soient un jour au bas de l'échelle et le lendemain au sommet.

Leur pouvoir de persuasion fait d'eux d'excellents politiciens, vendeurs et, en fait, tous les objectifs qu'ils se fixent. Le Singe n'a aucun respect pour les autres, ou peut-être trop de respect pour lui-même, il est égoïste, vaniteux et vaniteux, résolument compétitif et très habile à cacher ses émotions tout en inventant ses subtiles espiègleries.

En effet, quiconque connaît bien le Singe ne peut qu'admirer sa joie de vivre ; cette qualité la distingue des autres et elle est souvent enviée pour cela. La réputation du Singe peut être aussi instable qu'un pendule mais, malgré cela, elle ne donne jamais l'image d'être trop préoccupée par ce que les autres pensent d'elle, car dans son esprit, elle est sûre de pouvoir changer d'avis.

Cela ne signifie pas qu'il est apathique ou qu'il ne supporte pas la critique. Au contraire, le Singe est juste. Mais, essentiellement, il faut être vigilant, car il ne tient compte que de ses propres convictions. Ses touches de grâce sont désastreuses, mais lorsqu'il se reprend, il faut accepter qu'il n'ait jamais été vaincu avec autant d'élégance et de subtilité. Le pire, c'est qu'il y a des chances qu'il vous séduise à nouveau et que vous tombiez sous le charme de son charisme, car vous finirez par l'apprécier et l'aimer.

Le Singe n'a pas seulement une excellente mémoire, il est aussi pratique et ne perd jamais son temps avec des choses ou des personnes pour le plaisir. Chaque Singe est unique, il n'y en a pas deux pareils, et bien qu'il soit plein de défauts, les gens aiment sa compagnie parce qu'ils ne peuvent pas mépriser sa dextérité et sa ruse. La ruse du Singe est célèbre, lorsqu'il perd, il ne semble pas capricieux, car lorsque le destin ne lui est pas favorable, il abandonne.

En résumé, le Singe est une personne affectueuse et affable, mais déterminée à travailler dur. Il obtient généralement ce qu'il veut sans trop d'efforts et, peut-être pour cette raison, il se désintéresse rapidement de ce qu'il a obtenu. Il doit faire preuve de tolérance et de persévérance, sinon personne ne lui fera jamais confiance.

Le Dragon aime sa compagnie en raison de son bon sens, tandis que le Lapin, la Chèvre, le Chien, le Cheval et le Bœuf favorisent la mobilité du Singe et apprécient son habileté et sa compétitivité. Le Coq et le Cochon ont besoin de son intelligence.

Bien sûr, avec son esprit méfiant, le Serpent ne se sentira jamais tout à fait à l'aise avec le Singe. Le Tigre est la principale cible de ses farces et attrapes. Lorsqu'ils s'affrontent, le Singe fait preuve de courage et, sachant que le Tigre n'aime pas perdre, il est heureux de la vaincre.

Coq

Caractéristiques

Le coq est vaniteux, mais il a un cœur d'or. Il se montre digne et agit au niveau de ceux qui méritent respect et considération. Il travaille avec persévérance, respecte les règles et n'aime pas se mêler aux commérages. S'il doit faire du travail supplémentaire, il le fait sans se plaindre, car il déteste laisser les choses en plan. Sa capacité d'abstraction et son calme le rendent très compétent pour le travail intellectuel.

Ils dépensent leur argent en luxe parce qu'ils aiment vivre confortablement. On pourrait dire qu'ils ne sont pas très économes, mais ils ne sont pas non plus austères. On pourrait dire qu'ils sont capricieux.

Le coq est un bon amant dans tous les sens du terme. Il est sentimental et attend la même chose en retour. Il aime être séduisant et soigne son apparence physique pour les moments où il rencontre son partenaire. L'infidélité n'a pas sa place dans ses modèles, car il aspire à trouver l'âme sœur, quelqu'un avec qui il pourra partager sa vie.

Les coqs aiment communiquer car ils peuvent ainsi montrer qu'ils sont informés et intelligents. Cette capacité s'étend également à l'écriture. Il est très jovial, perspicace et drôle et aime raconter ses aventures.

Le Coq qui montre son côté négatif est intéressé, moqueur et belliqueux. Il pense avoir toujours raison et manque de confiance en lui. Il aime parfois être flatté et souffre de la folie des grandeurs.

Le Coq est un grand économiste des finances des autres, donc si vous avez des problèmes financiers dus à un manque de contrôle sur votre argent, confiez vos finances au Coq. Vous verrez qu'il vous donnera un calcul correct en un rien de temps.

Si l'on veut jouer avec un Gaulois, il faut admettre et se rendre à l'évidence qu'il aime la controverse, et qu'il s'agit pour lui d'une simple gymnastique mentale. Aussi embarrassant que cela puisse être, il faut comprendre que son comportement n'a rien de particulier et persévérer en dehors de la ligne de combat, une fois que l'on a compris qu'il dispose toujours d'un arsenal pour se défendre.

Le Coq, lorsqu'il a beaucoup d'argent, ne sera généreux qu'avec sa famille, ou peut-être lorsqu'il veut gagner la dévotion de ses admirateurs. N'oubliez donc pas que la seule chose gratuite que vous pouvez obtenir d'un coq, ce sont ses conseils.

Cependant, malgré tous leurs défauts, les Gaulois sont généralement honnêtes dans leur désir de soutenir les autres et ont de bonnes intentions dans tout ce qu'ils entreprennent.

Grâce à ses facultés variées et à son enthousiasme pour le travail, le Coq commencera très jeune et réussira dans la vie dès son plus jeune âge. Ce qu'il doit vraiment obtenir, c'est la mesure dans tout ce qu'il entreprend. Il ne doit pas accepter ses erreurs qui l'amènent à blesser quelqu'un et même à dénigrer ses ennemis. Il n'est pas conseillé de minimiser son influence, car avec son sens professionnel, il peut obtenir d'énormes succès s'il s'y met.

Le Coq forme un excellent couple avec le Serpent et le Bœuf. Le Dragon appréciera les objectifs futurs du Coq. Le Tigre, la Chèvre, le Singe et le Cochon seront de bons partenaires pour le Coq.

Deux coqs réunis donneront lieu à un combat de coqs légitime. Le coq aura toujours des conflits avec le rat et le lapin.

La relation entre le Chien et le Coq alterne entre normalité et confusion. Ils peuvent travailler ensemble, mais ne sont pas conçus pour partager une vie de famille.

Chien

Caractéristiques

Les chiens aiment rendre les autres heureux, même si leur entêtement et leur façon trop légaliste d'interpréter les choses peuvent souvent être à l'origine de conflits. Ils pensent que le monde est à l'envers, mais ils n'essaient pas de le changer, ils s'adaptent.

Les chiens sont extrêmement loyaux. Cette loyauté se manifeste dans l'amitié et l'amour, ce qui ne signifie pas pour autant qu'ils soient des amants extraordinaires. Les chiens peuvent vivre des moments de passion, mais ce n'est pas la question, car ils ont tendance à se laisser entraîner dans des situations insignifiantes qui occupent plus de place dans leur esprit que le travail, les amis ou les partenaires. En réalité, même s'ils n'aiment pas assez, ils essaieront toujours de sauver les relations parce qu'ils ont de bons sentiments et feront tout pour aider. Elles résolvent toujours les problèmes des autres avant qu'ils ne surviennent. Certains peuvent interpréter cela comme de l'ingérence, et leur entêtement les empêchera de penser que leur désir d'aider est parfois gênant pour les autres.

Les chiens sont de bons conseillers et exécutent les ordres de leurs supérieurs. Leur nature permet d'atténuer les conflits au sein d'une société. Cette caractéristique, associée à leur sens particulier de l'égalité, les rend aptes à travailler dans le domaine social.

Il est rare qu'un Chien soit en colère contre quelqu'un ; il sera d'accord avec lui sans le haïr. Tous les Chiens ne recherchent pas le conflit ; au contraire, leur but est de protéger l'humanité et le bien commun. Lorsqu'un Chien décide de s'engager pour une cause juste, il réussit toujours car ses efforts et ses valeurs sont élevés. Le Chien est très responsable, c'est un médiateur par tempérament et il écoutera avec intérêt vos arguments, mais si vous lui demandez de vous raconter sa vie, il sera évasif et discret.

Les chiens ont parfois la mauvaise réputation d'être sarcastiques, mais ce n'est qu'une généralité. Pour lui, il n'y a pas de tapisseries noires ou blanches. Rien ne peut être fait à moitié. Les chiens ont besoin de savoir comment vous vous comportez avant de se sentir à l'aise avec vous.

Confortable, déterminé et doté d'une richesse exigeante, le Chien sera un bon conseiller qui ne fera preuve d'aucune pitié, même pour lui-même.

Les gens font confiance au Chien pour sa discrétion et son sens du devoir, ce qui ne l'empêche pas de provoquer les petites querelles auxquelles il est si enclin. Bien que toujours heureux et satisfait, le Chien est instinctivement mélancolique. Il a tendance à s'inquiéter sans raison et a toujours besoin de réponses concises. Lorsqu'il est en colère, il peut se montrer désagréable ou anxieux, mais il est généralement calme et prêt à répondre aux besoins de son entourage.

Une fois que vous avez gagné la loyauté d'un chien, il placera toute sa confiance en vous et vous apportera son soutien absolu. Les personnes de ce signe sont énergiques et peuvent faire face à de nombreux soucis sans se ruiner. Le Chien est le plus compatible avec le Cheval, le Lapin et le Tigre.

Vous n'aurez jamais de problème avec le Rat, le Serpent, le Singe, le Cochon ou tout autre Chien.

Cependant, il est très difficile pour le Chien de traiter avec le Coq et il ne peut jamais donner sa pleine confiance au Dragon. Sa relation avec la Chèvre est malsaine.

Cochon

Caractéristiques

Si le Cochon n'était pas aussi honnête, il conserverait plus d'amitiés, ou ne perdrait peut-être pas autant d'opportunités et de contacts appropriés. Le Cochon croit que la vérité est au-dessus de tout ; par conséquent, les relations brisées ne le contrarient pas plus que celles qui sont fondées sur l'honnêteté.

L'incertitude que projette le Cochon est le résultat d'une énorme inquiétude. Il doit réfléchir cent fois à tout et, même lorsqu'il se décide, il se demande s'il n'aurait pas choisi une autre voie s'il en avait suivi une meilleure.

Malgré toutes ces incertitudes, lorsqu'ils prennent une décision, ils ont du mal à en changer et choisissent de poursuivre leur chemin avec détermination.

Les cochons sont indulgents, dociles et justes. Leur attitude les rend aptes au travail et aux emplois où la concentration est essentielle.

En amour, elles seront fidèles, accommodantes et affables. Bien qu'elles aient un grand sens de l'humour et qu'elles sachent profiter de la vie, il ne faut pas les associer à des personnes trop communicatives ou attirées par l'amusement, car elles aiment la domesticité et préfèrent les rencontres avec des amis proches à la foule.

Doté d'une grande intégrité, il ne se laisse pas éblouir par le fait de travailler sur plusieurs choses à la fois, ce qui ne l'empêche pas de poursuivre les expériences dynamiques du plaisir, qui, dans leur mauvaise version, peuvent être sa perte.

Le Cochon n'est pas attiré par le rôle de chef, c'est donc un compagnon fidèle qui ne rivalisera jamais pour être au centre de l'attention, même s'il l'est parfois sans y penser en raison de ses actions qui le rendent indispensable.

Charitable et honnête, il a de la chance et ne manque jamais d'un ami fidèle, prêt à l'aider s'il en a besoin. Cependant, il choisit de donner plutôt que de demander.

Bien qu'il soit très facilement scandalisé, il renonce rapidement à l'hostilité car il choisit l'harmonie, ce qui le rend complaisant et résigné à collaborer et à écouter n'importe quelle discussion. Il aime faire la charité, n'est pas impressionné par les obligations et est comme né pour les combattre.

L'inconvénient, s'il décide de l'exposer, c'est qu'il pourrait avoir la gentillesse de profiter d'une certaine situation et de se débarrasser sans vergogne de quelque chose comme si c'était le sien.

S'il tombe amoureux, il se consacre à votre amour et à votre loyauté sans rien demander en retour. Il met de la passion et de la joie dans toutes ses actions, faisant en sorte que sa partenaire se sente au centre du monde. Il est très sensuel et ne sait pas cacher ses émotions, ni refuser les demandes de sa partenaire, cédant aux passions les plus sombres.

Le Cochon n'est pas un bon leader ni un bon superviseur et, par conséquent, cela l'ennuie d'être limité dans ses ambitions. Cela le rend égoïste et inutile. Sa propension indestructible à donner exprime sa grande obligation de coopérer. Il aime vivre dans le présent et s'efforce de ne pas voyager dans le passé ni d'anticiper l'avenir, ce qui lui confère un grand pouvoir de réhabilitation et une détermination de faire face aux tribulations quotidiennes.

Très méticuleux, il ne se repose pas sur ses lauriers en cas de conflit formel et, même s'il est raisonnable, il a le sentiment d'être à l'origine du problème en n'étant pas capable de maintenir l'harmonie.

Le Lapin et la Chèvre sont ses complices préférés car ils partagent son besoin de sérénité et d'harmonie. Le Tigre l'accompagne sur des chemins sinueux. Le Rat, le Bœuf, le Cheval, le Coq, le Chien et le Dragon partagent avec le Cochon des occasions de joie.

Un autre Cochon n'est pas une collaboration agréable ou amusante, mais elle ne fonctionnera pas mal. Les oppositions les plus difficiles sont celles avec le Serpent et le Singe, car il perd toujours contre ces deux animaux malicieux.

Prévisions pour 2024

Rat

En 2024, le Rat aura de très bonnes perspectives dans sa profession car il a la capacité de générer des revenus. Si vous avez un emploi stable, vous générerez un bon revenu et aurez la possibilité d'obtenir une augmentation de salaire. Si l'on vous propose de changer d'emploi, réfléchissez avant de prendre une décision. Observez et analysez avant d'entreprendre quoi que ce soit. Si votre intuition vous dit que le nouvel emploi vous aidera à atteindre vos objectifs professionnels, acceptez le défi.

Le Rat a de bonnes chances de progresser en 2024, car les années du Dragon offrent toujours de nombreuses opportunités financières et professionnelles. Le Rat étant très entreprenant, il pourra gagner de l'argent supplémentaire et nouer des contacts avec des personnes influentes. Les voyages d'affaires et les études peuvent être enrichissants pour ce signe travailleur.

Pour les souris indépendantes ou entrepreneuriales, le travail acharné et la réflexion stratégique peuvent s'avérer payants et les aider à faire progresser leur entreprise.

L'année du Dragon est une année au cours de laquelle les réseaux sont élargis et des contacts précieux sont établis. Les souris peuvent nouer des contacts avec des personnes influentes et former des partenariats très bénéfiques qui leur ouvriront les portes de nouvelles opportunités.

Vous devez faire très attention au manque de sincérité de vos collègues de travail, car en cas de litiges ou de problèmes juridiques, vous pourriez perdre un procès.

Il est préférable d'éviter les conflits pour ne pas avoir de mauvaises surprises.

Il y aura des périodes où vous gagnerez beaucoup d'argent, mais vous devez faire attention aux dépenses impulsives et ne pas investir sans avoir étudié le marché.

Les énergies du dragon de s sont très fortes et peuvent être source de défis. Les rats peuvent subir un stress accru, il est donc important de maintenir l'équilibre. En 2024, les rats connaîtront une transformation personnelle qui les amènera à mieux comprendre le but de leur vie.

Les perspectives seront favorables en amour, vous aurez de nombreuses occasions de dialoguer et d'établir de nouvelles relations. Dans le domaine professionnel, si vous êtes célibataire, il est possible de trouver l'âme sœur.

Les souris jouissent d'une vie amoureuse stable, qu'elles aient ou non un partenaire stable. Celles qui sont déjà fiancées peuvent décider d'agrandir leur famille.

Les reins et le système urinaire doivent faire l'objet d'une attention particulière. Il est essentiel de trouver du temps pour faire de l'exercice. Les activités de plein air, la marche, le jogging ou le vélo sont de bonnes options. Profitez de la lumière du soleil pour améliorer votre santé. La source la plus importante de vitamine D est l'exposition au soleil. Vous devriez exposer votre visage et vos mains au soleil pendant 5 à 10 minutes par jour pour augmenter la quantité de vitamine D dans votre corps.

Bœuf

Pendant l'année du Dragon, le Bœuf se sentira plein d'énergie, mais devra être très prudent car cette année apporte des changements très profonds, des impacts positifs, mais aussi quelques défis.

En tant qu'individu hautement éthique et déterminé, ces qualités s'intensifieront et donneront au Bœuf une mesure supplémentaire de persévérance. Il sera prêt à relever tous les défis et à poursuivre son objectif avec une volonté indestructible.

Cette année du Dragon offrira au Bœuf de nombreuses opportunités de réussite professionnelle. Le Bœuf sera reconnu pour ses efforts professionnels, sa volonté, sa tolérance et son niveau d'engagement seront enfin récompensés.

Le réseautage peut l'aider à se développer professionnellement et, même avec plus de responsabilités professionnelles, il pourra aller de l'avant avec enthousiasme. L'énergie du Dragon guidera le Bœuf et lui donnera des stratégies pour devenir plus prospère, mais il doit investir et gérer ses finances. Bien que le Bœuf soit financièrement responsable et que l'année du Dragon lui offre des opportunités de prospérité, il est essentiel qu'il apprenne à gérer ses finances et à éviter les risques inutiles.

Le Bœuf doit se rappeler que tous les défis sont destinés à mettre à l'épreuve sa patience et sa capacité d'adaptation ; ces défis sont des occasions de croissance et de développement personnel. Le Dragon ne met pas directement de l'argent entre vos mains. Ce qui se passe, c'est que vous trouverez des opportunités d'investissement et, si vous faites les bons choix, vous atteindrez la prospérité.

Si vous n'avez pas de partenaire, vous devez être patient ; les opportunités sont là, mais vous trouverez aussi de la concurrence. La chance de trouver l'amour peut se cacher dans votre groupe d'amis.

Ce qui est amusant, c'est que vous avez plus de chances de trouver un partenaire si vous ne cherchez pas trop. Vous avez plus de chances de rencontrer quelqu'un par hasard que dans un contexte réellement romantique.

Si vous êtes en couple, vous devez éviter que l'amour ne tombe dans la routine. Pour ce faire, vous devrez faire des efforts et faire preuve de beaucoup de tolérance et de patience. Le stress au travail et les conflits familiaux peuvent entraîner des disputes qui vous éloignent de votre partenaire. La communication est très importante et la maturité est cruciale.

En cas de conflit ou de litige, les deux parties subissent des pertes substantielles. La chose la plus intelligente à faire est de chercher à se réconcilier avec l'autre partie afin d'éviter des pertes financières importantes.

Pendant l'année du dragon, vous jouirez d'une bonne santé et d'une bonne énergie. Vous ne souffrirez que d'insomnies dues au stress, et vous devrez donc trouver des moyens de vous détendre.

Si vous êtes plus à l'écoute de vos émotions, cela peut vous aider à évoluer cette année. Faites de l'exercice dès que vous le pouvez et surveillez votre alimentation. Si vous conservez des habitudes alimentaires saines, vous passerez une bonne année.

Tigre

L'année du Dragon de s apportera des obstacles dans le domaine professionnel du tigre. Il est très important de ne pas commettre d'erreurs face à ces difficultés. Vous devez rester calme et faire preuve de sagesse.

Vous ne devriez pas vous impliquer dans des disputes avec des collègues de travail ou des clients afin d'éviter des conséquences négatives. Les tigres sont appréciés pour leur nature confiante, cette qualité va s'intensifier et ils seront enclins à prendre des risques. Ils réussiront s'ils conservent leur esprit de compétition et établissent de nouveaux contacts ou des relations influentes au cours de cette année.

Les personnes ayant un emploi stable connaîtront un mois difficile et devront faire preuve de patience dans leurs relations avec leur patron.

Les tigres ont un sens aigu des finances et l'année du dragon peut leur offrir des opportunités d'augmenter leurs revenus. Toutefois, ils doivent gérer leurs finances avec sagesse, saisir les bonnes opportunités et éviter les dépenses impulsives.

L'année du Dragon est toujours prometteuse, mais elle peut apporter des défis qui mettront à l'épreuve la capacité d'adaptation des Tigres. C'est une année qui permet d'explorer de nouveaux horizons. Vous devez vous concentrer sur vos responsabilités ; ce n'est pas le moment de disperser votre énergie ou de vous distraire avec des choses inutiles, mais plutôt d'accumuler des expériences.

Ceux qui sont au début d'une histoire d'amour ou qui la commencent pendant l'année du dragon de s devraient laisser la relation se développer en son temps. Se précipiter ou avoir des attentes dans les premiers temps peut conduire à un naufrage.

Pour ceux qui ont un partenaire, l'année pourrait être riche en événements et intéressante. Non seulement il y aura des projets et des espoirs à partager, mais il y aura aussi de nouvelles opportunités lorsque les situations changeront. Vous devez être communicatif et discuter avec votre partenaire, partager et faire des efforts communs. Votre charisme sera irrésistible, mais si vous êtes en couple, concentrez-vous sur l'approfondissement des liens affectifs.

Vous devriez parler sérieusement aux personnes qui vous ont causé des problèmes dans votre vie car, bien que ce soit une année où les amitiés sont renforcées, vous devriez vous débarrasser de ceux qui n'apportent rien de positif à votre vie.

Il est conseillé aux tigres de gérer leur stress et de faire de l'exercice quotidiennement pour préserver leur santé physique et mentale. La méditation peut les aider à améliorer leur bien-être général. Ils devraient arrêter de fumer et renforcer leur esprit.

Mieux vaut prévenir que guérir. En cas de maladie, consultez immédiatement un spécialiste. Veillez à votre niveau d'énergie. Une alimentation équilibrée et une activité physique régulière contribueront à votre bien-être général. Participez à des activités qui stimulent votre esprit. Pratiquez la pleine conscience pour soulager le stress. Veillez à équilibrer le travail et le repos pour maintenir une santé optimale.

Lapin

Pendant l'année du Dragon, le Lapin développera un sens extraordinaire de la créativité. Il sera désireux d'explorer ses talents artistiques et aura des opportunités de développement professionnel.

Le travail sera le trou du lapin, et ceux qui ont un emploi auront du succès, car ils pourront recevoir une augmentation de salaire ou accéder à un poste plus élevé.

Les personnes sans emploi pourront obtenir l'emploi dont elles ont toujours rêvé. Il est important de ne pas être impatient. C'est le moment idéal pour se concentrer sur la forme physique et le bien-être mental, en canalisant son énergie vers des activités créatives.

Les lapins ont un sens aigu de la gestion financière. L'année du Dragon vous offre de nombreuses opportunités de prospérer financièrement.

Cette année sera variable et ceux qui ont un partenaire devront faire attention à l'infidélité. Il est important de ne pas se laisser emporter par les amis, dont certains peuvent vous donner de mauvais conseils.

Ceux qui n'ont pas de partenaire doivent être prudents s'ils en cherchent un, car l'année apportera de nombreuses opportunités qui pourraient être un piège pour eux. Votre personnalité charismatique sera un aimant pour toutes les relations.

Si vous avez déjà une relation amoureuse, préparez-vous à la rendre encore meilleure qu'elle ne l'a été pendant des années. Soyez attentif à votre partenaire pour accroître l'intimité de votre relation sexuelle.

Les tigres peuvent rencontrer des conflits lorsqu'ils interagissent avec d'autres personnes. En cas de dispute, s'il s'agit d'une cause légitime et raisonnable, vous gagnerez. Avec le soutien du Dragon, vous pouvez remporter une victoire écrasante.

Vous devez faire attention à votre système digestif et adopter une alimentation plus variée. Le corps est votre temple sacré. Il ne sert à rien de s'occuper de tous les autres aspects de la vie si le corps est négligé.

Cette année, vous regretterez peut-être quelqu'un qui a quitté votre vie. La vie est ainsi faite qu'elle vous offre de belles choses à apprécier dans l'instant et qu'elle vous les retire au moment où vous vous y attendez le moins. Vous devez continuer à créer de bons souvenirs, des souvenirs qui vous font du bien, car c'est la seule chose que vous emporterez avec vous.

Certains mois de l'année, vous devrez peut-être faire face à des blessures que vous pensiez fermées.

L'ambiance familiale sera agréable, vous pourrez acheter une maison ou louer un logement.

Vers la fin de l'année, le travail deviendra plus stressant. Cela signifie que vous devrez travailler plus dur et collaborer plus souvent avec d'autres personnes. Vos collègues de travail peuvent vous sembler plus irritants que d'habitude. Essayez toutefois de rester calme dans vos rapports avec eux.

Dragon

Cette année, le Dragon aura une carrière stable et prospère, ce qui lui permettra non seulement de réussir professionnellement mais aussi financièrement. S'il existe un poste avec une chance de promotion, ce sera le vôtre. Cela ne signifie pas que vous ne trouverez pas de concurrents, mais vous gagnerez ce poste parce que vous serez en mesure de démontrer vos véritables capacités.

Vous pouvez également investir dans l'immobilier, l'éducation et d'autres projets, et bien que la progression des investissements puisse être lente, vous finirez par faire des bénéfices.

Vos relations avec un partenaire peuvent se détériorer, mais vous ferez tout de même des progrès en affaires. Au début de l'année, il se peut que vous ayez un désaccord avec votre partenaire ou que vous manquiez de compréhension mutuelle sur une question d'affaires. Au fil de l'année, vous éliminerez ces malentendus et prendrez des décisions dans l'intérêt des affaires.

Dans leur quête de prestige, les dragons peuvent rencontrer des personnes avec lesquelles ils ne sont pas d'accord, ce qui peut conduire à une certaine confrontation ; la meilleure approche consiste à résoudre le problème le plus rapidement possible. Évitez l'épuisement physique et mental et les pertes de temps.

Cette année, si vous parvenez à faire ressortir votre côté diplomate et mature, 2024 vous promet beaucoup, surtout pour les Dragons qui ont un partenaire stable ou qui recherchent la stabilité. En surmontant les défis qui se dressent sur votre chemin, vous vous sentirez plus proche que jamais de votre partenaire.

Les célibataires trouveront l'âme sœur et pourront établir une relation durable.

Il faut faire attention à la gorge, aux poumons et au système respiratoire en général. Il est recommandé d'éviter l'air pollué.

Trop de stress peut entraîner des douleurs musculaires et une réticence à faire de l'exercice, ce qui peut nuire à la santé. Une alimentation saine et équilibrée, la consommation d'eau et la réduction de la consommation de café et d'alcool vous aideront à maintenir votre poids idéal. Le sport vous aidera à maintenir votre équilibre émotionnel et physique.

2024 sera une année fructueuse, à condition de ne pas faire confiance à tout le monde. Si vous travaillez dur et que vous vous occupez des détails financiers, votre statut professionnel et votre réputation augmenteront. Il est possible que vous fassiez quelques voyages liés au travail et, même si vous n'aimez pas attendre, cette année est celle de la patience et de la prudence pour semer sagement et calmement. Si vous y parvenez, vous pourrez récolter de grands succès et profits à l'avenir.

Vous devrez faire un grand effort de communication avec votre famille, en particulier avec vos enfants. Vous ne serez pas d'accord avec leur comportement ou leurs décisions. Vous serez incompris.

Serpent

Préparez-vous pour 2024, car votre charisme augmentera et vous deviendrez l'âme de chaque réunion. Vous attirerez les gens sans le moindre effort. Tout le monde vous invitera et voudra être avec vous. Vous savez vous y prendre avec les personnes influentes et votre ambition sera récompensée cette année. Faites attention à qui vous parlez, à quel genre de personnes vous vous associez, ou vous ferez des erreurs. Vous rencontrerez de nouvelles personnes qui vous ouvriront les portes de nouveaux environnements et de nouvelles activités, mais encore une fois, le conseil est de ne pas se précipiter et d'analyser soigneusement les personnes que vous fréquentez, sinon vous pourriez tomber dans les filets d'un prédateur. Ce sera une année fabuleuse pour vous.

Une bonne année pour l'amour. Si vous avez un partenaire, vous serez heureux, mais vous analyserez discrètement votre relation. Vous verrez clairement ce qui doit changer pour être pleinement heureux. Vous saurez s'il faut poursuivre la relation ou y mettre fin.

Si vous êtes célibataire, votre intention est de conquérir tout le monde. Vous êtes prêt à séduire, à tomber amoureux et à vous amuser. Personne ne peut arrêter votre passion.

Certains trouveront la bonne personne et vivront un amour passionné et précieux. Si vous avez un(e) petit(e) ami(e), cette année sera décisive pour votre relation : vous pouvez réaliser qu'il/elle est la personne qu'il vous faut et décider de vous fiancer ou même de vous marier, ou vous pouvez réaliser qu'il/elle n'est pas la personne qu'il vous faut et décider de mettre fin à votre relation. Dans ce cas, rompez dès que possible, passez à autre chose et jetez le livre. Si vous ne le faites pas, vous resterez prisonnier d'une relation bœuf que et malheureuse qui ne vous mènera nulle part.

Vous aimez l'argent, vous savez le gagner, mais il vous échappe très facilement. Des énergies puissantes vont vous traverser cette année et vous devez apprendre à le conserver, à réfléchir et à bien penser à la façon de le dépenser ou de l'investir avant de faire n'importe quel geste, sinon vous perdrez votre stabilité économique. Ne vous endettez pas, si vous avez déjà des dettes, remboursez-les, investissez dans l'immobilier. Faites attention à vos dépenses et tout ira bien.

De nombreuses opportunités se présenteront à vous cette année, mais vous devriez consulter votre famille avant de prendre une décision. Vous pourriez acheter une maison ou avoir un enfant.

Si vous prenez soin de vous, votre santé sera bonne. N'abusez pas de la nourriture, de là son et du sommeil. Prenez soin de votre corps, de votre système digestif et surtout de vos intestins. Avec une bonne alimentation, tout ira bien.

Si vous ressentez une gêne oculaire ou des difficultés à faire la mise au point de votre vision, consultez un ophtalmologiste pour obtenir un diagnostic. Si vous n'agissez pas à temps, vous risquez de souffrir de maux de tête sévères qui vous empêcheront de travailler normalement.

Pendant l'année du Dragon de s, ils doivent être respectés, faire preuve d'honneur et se méfier des intrigues qui peuvent les impliquer. Le Serpent a une profonde connaissance de la nature humaine, il voit venir les personnes mal intentionnées et sait comment s'y prendre avec elles.

Cheval

Bien que 2024 soit une année où vous devrez être prudent, vous aurez la possibilité de réussir et d'atteindre vos objectifs. Vous subirez quelques déceptions ou serez impliqué dans des malentendus qui pourraient vous mettre en mauvaise posture et vous attirer des ennuis inutiles. Soyez toujours prudent avec vos amitiés, car certaines pourraient vous trahir.

Des points de vue différents et des conflits surgiront dans votre foyer, il est donc préférable de les régler rapidement. Vous apprécierez les voyages avec vos proches. Ces changements d'environnement vous feront du bien, car ils vous permettront de vous reposer, de vous amuser et de vous concentrer sur votre vie.

Il est conseillé de ne pas se laisser emporter par l'actualité, car il peut y avoir des problèmes cachés qui vous surprendront. L'année sera pleine d'obstacles, mais si vous les affrontez au fur et à mesure qu'ils se présentent, vous parviendrez à réaliser vos projets initiaux.

Votre vie amoureuse, si vous avez un partenaire, vous demandera beaucoup de dévouement et de patience. Si vous n'avez pas de partenaire et qu'un nouvel amour se présente, prenez le temps de bien le connaître avant de prendre des décisions sérieuses. Ne vous faites pas de fausses illusions ou vous serez très déçu(e).

Pour acquérir de nouvelles connaissances et vous améliorer, vous devez consacrer du temps à votre développement intellectuel. Vous aurez beaucoup de travail et de nombreux défis à relever et devrez assumer de nouvelles responsabilités, mais vous démontrerez vos grandes capacités, vos connaissances et votre force professionnelle en travaillant dur. Par conséquent, bien que cette année soit une année de dur labeur, vous l'affronterez avec détermination et gagnerez l'admiration des autres.

Vous devez prendre soin de votre épargne, car vous aurez des dépenses imprévues, essayez d'épargner et d'avoir un budget si vous ne voulez pas avoir de problèmes avec les paiements mensuels.

De bonnes opportunités d'emploi se présenteront, mais la lutte sera serrée entre vous et vos collègues. N'oubliez pas que vous êtes des combattants, ne vous laissez pas intimider.

Votre santé sera fantastique et si vous pratiquez la méditation et tout ce qui a trait aux questions spirituelles, vous vous sentirez très bien, vivant et dynamique, calme et équilibré. Votre image changera et vous vous sentirez très attirant. Si vous avez la capacité de manger sainement, de manière équilibrée, avec des fruits et des légumes, vous aurez une santé de fer. Tout dépend de votre volonté.

Avec vos enfants, il sera très difficile de trouver la limite entre l'autorité et la discipline ; vous devrez imposer le respect de manière positive. Si vous envisagez de devenir parents en 2024, vous feriez mieux d'abandonner cette idée, car l'année prochaine vous serez beaucoup mieux lotis et tout ira bien.

Chèvre

Vous êtes une personne très sociable et en 2024, vous vivrez une année très amusante, accompagné de votre famille et de vos meilleurs amis, mais vous passerez aussi par des périodes détendues et calmes où vous vous isolerez pour être avec vous-même.

Vous recevez toutes sortes d'invitations à rejoindre des groupes, il est essentiel que vous appreniez à dire non, et si vous voulez réduire les dépenses à la maison, vous devez réduire les déjeuners, les fêtes et les dîners au restaurant. C'est là que vous pouvez dépenser beaucoup d'argent.

En amour, 2024 sera une année difficile. Si vous êtes en couple, votre relation sera sujette à l'instabilité. Vous aurez de bons et de mauvais mois. Vous avez été trop concentré sur vos problèmes et votre partenaire a pu se sentir triste et abandonné. Vous devez clarifier cette situation dans une conversation très sincère. Les sentiments doivent être rétablis. Tout n'est pas perdu, mais les choses seront difficiles.

Si vous êtes célibataire, vous serez très attirant et magnétique. Vous aurez peut-être des partenaires sporadiques, mais ce qui vous rendra vraiment heureux sera de trouver l'âme sœur. Ce n'est pas le meilleur moment pour s'engager. Méfiez-vous des personnes qui pourraient vous aborder par intérêt.

Au travail, la situation sera un peu compliquée. Vous devrez vous montrer discret pour éviter les heurts avec vos supérieurs. Vous devrez vous battre pour conserver vos acquis. Si vous êtes à la recherche d'un emploi, cherchez à plusieurs endroits à la fois afin de pouvoir choisir confortablement.

Si vous souhaitez gérer votre propre entreprise, ne faites pas aveuglément confiance à vos partenaires, obtenez de bons conseils, réalisez une étude de marché et vérifiez tous les documents avec un avocat.

En 2024, vous devrez être plus économe et plus prudent pour ne pas faire faillite. Ne dépensez pas inutilement, car si l'instabilité économique vous rend si nerveux, vous devriez l'éviter en étant aussi prudent que possible.

Vous aurez de la chance dans les jeux de hasard cette année, alors n'oubliez pas de jouer car la chance pourrait bien vous sourire.

Votre santé sera un peu faible, mais cela est dû au stress. Vous serez anxieux et cela affectera votre santé. Vous pouvez avoir des douleurs d'estomac parce que vous somatisez votre nervosité. La meilleure chose à faire est de consulter un psychologue.

En 2024, vous serez très impliqué dans les affaires domestiques et les problèmes familiaux. Préoccupez-vous, mais ne soyez pas anxieux. Apprenez à relativiser les problèmes, tout a une solution et vous saurez les résoudre. Vous aurez également des projets familiaux, des voyages et des activités communes.

Singe

Ce sera une excellente année pour les changements positifs. Le Dragon de s vous favorisera et vous poussera vers la réussite professionnelle et personnelle. L'argent tombera facilement entre vos mains et vous pourrez faire d'excellents investissements. Soyez prudent, car vous serez entouré de personnes qui vous envient et vous pourriez aussi être trahi.

En 2024, votre vie sociale sera très active et, grâce à votre réussite professionnelle, vous serez au centre de l'attention de votre cercle d'amis et de collègues.

En amour, vous vous en sortirez très bien, grâce à votre magnétisme et à votre réussite professionnelle, vous deviendrez le centre d'attention pour tous les regards et les commentaires. Si vous êtes en couple, ce sera une année stable et pleine de bonheur. Ensemble, vous profiterez de votre réussite. Si vous êtes célibataire, ce pourrait être l'année de vos fiançailles.

Tous les changements qui se produiront dans votre secteur amoureux sont positifs et, si vous êtes seul, il est garanti que vous trouverez un partenaire, que vous rencontrerez beaucoup de nouvelles personnes et que parmi elles se trouvera le grand amour.

Ce sera une année de changements et de surprises. La force du Dragon de s vous permettra d'affronter les changements avec confiance et courage. Si vous êtes à la recherche d'un emploi, vous trouverez celui que vous cherchez. Si vous avez déjà un emploi, et même si vous ne cherchez pas à en changer, vous trouverez plusieurs offres qui méritent d'être analysées avec soin.

Faites très attention à vos collègues car ils seront jaloux de votre bonne fortune et risquent de vous compliquer la vie. Vous pourriez obtenir une promotion, une récompense ou une augmentation de salaire cette année.

Vous aurez une année prospère sur le plan financier, c'est l'année de votre reconnaissance professionnelle, vous aurez le niveau de revenu et le statut social dont vous avez toujours rêvé. Cette année vous permettra de faire des économies et c'est aussi l'année où vous pourrez acheter la maison de vos rêves. Avant de prendre une décision, prenez le temps d'analyser le marché immobilier et l'état de la maison qui vous est vendue.

Vous aurez une année de bonne santé et beaucoup d'énergie. Votre force physique vous accompagnera tout au long de l'année. Vous n'aurez pas de maladie et, si vous en attrapez une, il s'agira d'un rhume passager. Il n'y a pas lieu de s'inquiéter. Il est conseillé de faire de l'exercice et une alimentation saine et équilibrée est la clé d'une excellente santé.

La paix et l'harmonie règneront dans votre foyer. Vous partagerez vos succès avec votre famille, qui vous soutiendra à 100 %. Si vous envisagez d'avoir un enfant, c'est l'année idéale, une autre bénédiction qui remplira 2024 de bonheur.

Coq

Vous vivrez de grands changements dans votre vie, ce sera une année où vous vous sentirez sous pression et où vous devrez prendre des décisions importantes qui donneront de la clarté et de la sécurité à votre avenir. Vous traverserez des moments d'incertitude, mais vous parviendrez à vous stabiliser. Tout peut arriver dans votre vie, qu'il s'agisse d'un déménagement, d'une rupture avec votre partenaire ou d'un changement de travail.

L'amour se passera bien pour vous si vous avez un partenaire, qui vous aidera à vous stabiliser et à vous rassurer. L'année sera turbulente mais stable en amour. Le conseil est d'être affectueux et communicatif, mais en cas de désaccord, il faut le neutraliser immédiatement. Si vous êtes célibataire, vous aurez du mal à trouver un partenaire. Vous pourriez tomber amoureux de la mauvaise personne, ce qui constituerait un problème supplémentaire dans votre vie.

Votre vie sociale sera active, mais vous essaierez d'être moins excessif, vous choisirez mieux vos amis, et l'échange d'idées et la socialisation remplaceront les grandes fêtes. Un bon dîner sera plus gratifiant qu'une discothèque.

Vous aurez beaucoup de travail et cela vous rendra anxieux. Si vous devez repenser votre vie professionnelle, faites-le au plus vite. Peut-être changerez-vous de métier parce que vous êtes prêt à transformer votre vie professionnelle si cela vous permet de retrouver votre sérénité. Il serait bon de suivre une formation pour améliorer vos chances dans votre profession.

Au cours de cette année 202a, vous chercherez à gagner de l'argent à tout prix et, pour ce faire, vous devrez peut-être changer d'emploi, cumuler deux emplois ou créer votre propre entreprise.

Vous serez prêt à tout pour maintenir votre situation financière. Vous devrez travailler dur, mais vous n'hésiterez pas à agir.

Vous deviendrez plus exigeant avec vous-même, mais cela ne vous dérangera pas, vous le ferez pour avoir plus d'argent et vivre la vie que vous voulez, avec un pouvoir d'achat et la possibilité de voyager. Ces changements feront de vous une personne plus économe et plus analytique. Vous réduirez vos dépenses et aurez de l'argent pour les vacances.

Votre santé est sujette à des fluctuations et même si vous n'avez pas de maladie, vous devez prendre soin de vous pour ne pas tomber dans des états dépressifs.

Vous devez faire de l'exercice et pratiquer des techniques de relaxation. Il est important de maîtriser ses nerfs et de maintenir la paix et l'harmonie. Les membres de votre famille vous soutiendront et essaieront de vous calmer. Ils verront que vous êtes très nerveux et essaieront de vous aider à trouver des solutions. Ils sont vraiment capables de vivre modestement, mais vous ne le permettrez pas. Vous essayerez toujours de donner le meilleur à votre famille.

Chien

2024 sera une très bonne année. Tout se déroulera rapidement. De nombreuses opportunités se présenteront et les objectifs que vous n'avez pas pu atteindre l'année dernière, vous pourrez les réaliser avec engagement en 2024. Au travail, vous utiliserez toute l'expérience que vous avez acquise et qui vous sera utile au cours de la nouvelle année. Lorsque des opportunités se présenteront, vous serez à l'avant-garde et en tirerez tous les bénéfices.

Ils devraient s'investir davantage dans le travail ou les études, ce qui leur serait également bénéfique s'ils prenaient plus d'initiatives et se rendaient indispensables.

Si vous êtes à la recherche d'un emploi, si vous effectuez une recherche parfaite, vous trouverez les opportunités que vous recherchez et pourrez postuler sans problème. Il vous suffit d'identifier le secteur qui vous convient le mieux. Si vous décidez de développer un projet personnel, vous aurez beaucoup de succès.

Vous devez trouver le temps de le faire, car ce sera très bénéfique et fructueux, ainsi que financièrement rentable.

Vous aurez une grande vie sociale et aimerez faire des activités et voyager avec des amis. Les occasions de voyager ne manquent pas.

Vous réussirez bien en amour. Si vous êtes célibataire, vous aurez l'occasion de rencontrer des personnes spéciales, de tomber amoureux et de vivre une expérience romantique. Pour ceux qui ont déjà un partenaire, ce sera une année de partage.

Vous transmettrez votre enthousiasme à votre famille, votre foyer sera harmonieux, vous aurez des raisons de faire la fête et vous vous sentirez heureux. Ne gaspillez pas votre énergie car vous en aurez besoin tout au long de l'année. N'essayez pas de faire mille choses à la fois, planifiez et vous aurez du temps et de l'énergie pour tout.

Cette année, vous avez tout le potentiel pour briller et relever tous les défis, mais vous devez être très prudent car cela pourrait aussi s'avérer désastreux. Vous allez pécher par excès de bienveillance à l'égard des autres, prendre trop de responsabilités et jouer avec la chance. Cela dit, l'année peut être fructueuse si vous faites bien les choses.

Vous pourrez ainsi vous acquitter parfaitement de vos responsabilités et développer tout votre potentiel.

Maintenez un style de vie équilibré. Ne soyez pas impoli avec les autres. La précipitation et la prise de risque sont négatives.

Si vous souhaitez élargir vos connaissances et apprendre de nouveaux sujets, 2024 est une bonne année pour étudier. C'est aussi une année pour acquérir de l'expérience et mettre en pratique ce que vous avez appris.

Vous avez besoin de faire de l'exercice, de dépenser de l'énergie et de trouver l'équilibre. Méfiez-vous des folies, car c'est une année où vous pouvez vous blesser.

Cochon

Vous devrez faire appel à votre intuition pour vous adapter aux changements de cette année. Vous devrez aller au-delà de vos efforts habituels pour vous améliorer. Vous devrez utiliser vos connaissances et votre expérience pour réussir, et ce sera une année de perfectionnement et d'étude. Vous devrez changer votre vie et votre façon de penser, sinon vous échouerez.

Ce sera une excellente année pour les opportunités, que vous ne devez pas laisser passer. Vous devrez toujours faire preuve de détermination et prendre des risques. Vous pourrez prouver votre valeur et atteindre vos objectifs. Vos hobbies et les sujets qui vous intéressent pourraient vous mener plus loin qu'une simple distraction. Vous pourrez élargir vos connaissances en approfondissant des sujets inconnus et utiles. Vous aurez un grand désir de voyager, mais vous n'aurez pas assez d'argent pour le faire.

Les salariés bénéficieront d'une augmentation de salaire en raison d'un changement de poste avec davantage de responsabilités dans le même emploi. Cela leur permettra d'élargir considérablement leur expérience professionnelle. S'ils décident de changer d'emploi ou s'ils sont à la recherche d'un emploi, ils trouveront une bonne opportunité.

En ce qui concerne l'argent, vous aurez quelques dépenses importantes, mais vous serez en mesure de bien contrôler votre budget. Il ne vous restera pas beaucoup d'argent pour les vacances, mais vous pourrez faire quelques escapades.

Vous devez changer votre mode de vie. Des expériences récentes vous ont montré que votre façon de vivre n'est pas correcte. Vous devez modifier votre alimentation, faire de l'exercice et vous adonner à un passe-temps qui vous rende heureux. Cela sera très important pour votre équilibre.

Pour les célibataires, 2024 sera une année formidable. Il y aura de l'amour dans l'air et vous tomberez amoureux. Prenez votre temps et vivez chaque moment lentement, en apprenant à connaître l'autre petit à petit. Ne soyez pas pressé. Vous vivrez également de nombreux changements à la maison et dans la famille.

En général, 2024 sera une année positive et heureuse, avec de nombreuses opportunités si vous savez improviser. Vous pourrez atteindre plus d'un objectif et avancer dans la direction souhaitée si vous savez rester en mouvement.

La fin de l'année sera caractérisée par de grands changements, en partie dus à des projets ambitieux. Vous pourriez changer de maison ou de mobilier. Ce sera fou, mais c'est votre plus grand rêve.

Combinaison des signes du zodiaque avec les signes de l'horoscope chinois

Lorsque les horoscopes orientaux et occidentaux sont combinés, il est surprenant de constater à quel point ils sont étroitement liés et précis.

Les horoscopes chinois et occidentaux sont les plus utilisés. Si vous les comprenez bien, il vous sera plus facile de les utiliser et d'adopter une approche centralisée.

Les deux horoscopes sont basés sur la position des étoiles, mais l'horoscope chinois utilise 28 constellations, tandis que l'horoscope occidental en utilise 88. Les deux horoscopes ont 12 segmentations essentielles. Les deux horoscopes ont 12 segmentations essentielles. L'horoscope chinois est basé sur 12 animaux qui régissent chaque année, tandis que l'horoscope occidental est basé sur 12 signes qui régissent chaque mois.

L'horoscope chinois est basé sur le calendrier lunaire et est le plus ancien horoscope connu à ce jour. Il est probable que votre signe du zodiaque coïncide avec votre signe dans l'horoscope chinois, mais cela n'arrive pas très souvent. Si c'était le cas, les prédictions seraient plus précises.

Il existe une équivalence entre les signes des deux horoscopes :

Bélier/Dragon, Taureau/Serpent, Gémeaux/Cheval, Cancer/Chèvre, Lion/Singe, Vierge/Coq, Balance/Chien, Scorpion/Cochon, Sagittaire/Rat, Capricorne/Buffle, Verseau/Tigre et Poissons/Lapin.

Combinaisons

Rat

Bélier/Rat

Le mélange de ces signes donne naissance à une personnalité unique par nature. L'obsession et la passion du Bélier sont tempérées par la prudence et la perception du Rat.

La personne qui possède cette combinaison est astucieuse, perspicace et affable. Elle a toujours des stratégies pour résoudre n'importe quelle situation et n'est guère surprise par les obstacles de la vie.

Il n'est pas lâche et aime les défis qu'il surmonte facilement. Cet individu suscite l'admiration car il sait improviser en toutes circonstances, avec une volonté d'acier.

Taureau/Rat

Le mélange de ces deux signes Taureau/Rat est très bénéfique, ils sont de bons amis et ont un optimisme qui les emmène au paradis. Ils sont très honnêtes et affables, et se distinguent par leur tact dans la conversation.

La sécurité du signe du Taureau combinée à l'irritation du Rat est une excellente combinaison car il en résulte un magnétisme unique. Ils sont très économes et ont toujours les pieds sur terre. Leur personnalité est passionnée et ils savent être loyaux.

Gémeaux / Rat

La combinaison de ces deux signes donne une personne très joyeuse, qui aime l'aventure et le risque. Ils aiment être occupés en permanence et ne perdent pas de temps à faire des bêtises. Elles s'adaptent facilement à n'importe quel environnement et détestent être seules.

La vitalité du Rat combinée à la polyvalence du Gémeaux en font une personne très curieuse. Parfois, ils n'atteignent pas leurs objectifs parce qu'ils mettent trop d'énergie à initier un plan.

Cancer/Rat

Le mélange de ces deux signes Cancer/Rat donne une personne très sensible qui a toujours des rêves et des objectifs. Ils sont très sélectifs dans leurs amitiés, mais ont un bon sens de l'humour.

Leur esprit est très perspicace et attentif, capable d'observer subtilement chaque détail de n'importe quelle situation. Dotées d'une intuition aussi forte, elles prennent toujours les bonnes décisions. Elles savent comment atteindre leurs objectifs, car elles ne se fixent jamais d'objectifs impossibles à atteindre. Bien qu'elles soient rêveuses, elles s'en tiennent toujours à leurs idées.

Lion/Rat

Le mélange de ces deux signes Lion/rat donne naissance à une personne très égocentrique, qui a toujours besoin de prouver qu'elle est la meilleure. Elle aime occuper des positions de pouvoir et fera tout pour prouver son autorité.

Parfois, le mystérieux Rat oblige le Lion à devenir un ermite et à se taire. Il s'agit sans aucun doute d'une combinaison très conflictuelle. La personne Rat/Lion est souvent très célèbre et sa silhouette ne passe jamais inaperçue. Tout le monde est attiré par son charisme et veut être proche de lui.

Vierge / Rat

Le mélange de ces deux signes est caractéristique des personnes courageuses qui croient fermement en leur simplicité. Elles sont détendues, perspicaces, polies et modérées dans l'expression de leurs émotions.

Elles sont très élégantes et prennent grand soin de leur apparence personnelle. Elles ne pardonnent pas les erreurs des autres et détestent les personnes qui ne travaillent pas dur pour atteindre leurs objectifs.

Balance/Rat

La combinaison Balance/rat donne naissance à des personnes très agréables et gentilles. Leur comportement est courtois et elles font preuve de beaucoup de tact dans leurs relations avec les autres.

Vous pouvez leur faire confiance, car ils ne vous rabaisseront jamais. Le tact de la Balance, combiné à l'attirance du Rat, confère à ces personnes un charisme particulier.

Ce sont des personnes fascinantes qui attirent invariablement l'attention. La communication avec ces personnes laisse toujours un sentiment très agréable. Elles sont très raisonnables et pratiques et, avec leur sagesse, vous donneront les meilleurs conseils.

Scorpion / Rat

Cette combinaison donne naissance à des personnes courageuses qui inspirent le respect. Le Scorpion est un signe très manipulateur et contrôlant, mais avec la sagesse du rat, il est indestructible face à n'importe quel ennemi. Ils ont un flair incomparable pour savoir qui est qui, ils ont une volonté inébranlable et pour eux, le mot "impossible" n'existe pas dans le dictionnaire.

Ils agissent toujours très vite car ils ont un pouvoir de décision et ne perdent pas de temps sur des choses inutiles.

Sagittaire/Rat

La combinaison Sagittaire/rat donne des individus pleins d'énergie et de vitalité, mais qui sont pressés d'avancer dans la vie. Ce sont des personnes qui n'ont pas assez de temps dans les 24 heures de la journée pour réaliser tous leurs objectifs. Ils sont toujours heureux et ne se plaignent jamais de rien. L'instabilité du Sagittaire renforce l'assiduité du Rat, qui n'aime pas la routine.

Ils sont très optimistes et s'en tiennent à leurs idées. Elles utilisent leur raisonnement pour résoudre les problèmes et sont capables de donner les meilleurs conseils.

Capricorne/rat

La combinaison Capricorne/Rat donne une personne qui sait préserver son prestige et ne se laisse pas entraîner dans les commérages.

Ils ont beaucoup de dignité et essaient toujours de faire bonne impression. La froideur du Capricorne compense totalement le cran du Rat.

Ils sont sobres et savent contrôler leurs émotions. Ils sont polis, intelligents et savent se comporter dans n'importe quel environnement social.

Verseau/Rat

La combinaison Verseau/Rat donne naissance à des personnes dotées d'une incroyable imagination et qui ne s'ennuient jamais. L'extravagance du Verseau, combinée à la prudence du Rat, crée un tempérament très particulier. Ces personnes, bien que sympathiques, sont parfois têtues.

Ils sont d'éternels amoureux et protecteurs de leur liberté, perspicaces et dotés d'un haut potentiel artistique.

Poisson/Rat

Cette combinaison donne naissance à des personnes agitées et sensibles. Le Rat leur donne la capacité d'utiliser leur esprit de façon rationnelle et de ne pas se laisser décourager par les difficultés.

Bien que ces personnes connaissent parfois des moments de crise où elles deviennent fragiles, elles sont affables, voire réservées. Elles sont très réceptives et agissent avec prudence pour ne pas commettre d'imprudence. Elles ne tolèrent ni l'oisiveté ni l'injustice.

Bœuf

Bélier/Bœuf

Cette combinaison donne naissance à des personnes très têtues. Le Bélier augmente la confiance en soi, créant une personnalité rigide. Ces personnes sont vaniteuses et prétentieuses. Ils n'aiment pas respecter l'autorité et il est parfois préférable de ne pas se disputer avec eux, car ils aiment gagner quoi qu'il arrive.

Ce sont des personnes déterminées et sensibles qui calculent leurs moindres faits et gestes parce qu'elles ont une confiance inébranlable. Ce sont des êtres très émotifs, c'est pourquoi la plupart de leurs actions sont conditionnées par les circonstances.

Taureau/ Bœuf

Ce mélange fait ressortir les qualités les plus positives de chaque signe, ce qui donne des personnes tenaces et obstinées. Elles ont confiance en elles et ne sont pas capricieuses. Elles ne changent jamais d'avis et ne sont pas traîtresses ; elles sont gentilles avec les autres et loyales. Elles n'ont pas de défauts, si ce n'est celui d'être un peu têtues. Elles ne sont jamais découragées par les obstacles de la vie, car elles savent que chaque jour est une occasion de recommencer.

Gémeaux / Bœuf

Ce mélange donne une personne pleine de vitalité et d'énergie, toujours heureuse d'être dans le monde. Elles sont imaginatives et capables de résoudre des problèmes urgents. Elles se distinguent par leur endurance physique et pour elles, il n'y a pas de mission impossible ou de mur qu'elles ne puissent abattre. Les épreuves les plus embarrassantes n'entament pas leur volonté. Elles sont toujours joyeuses, ce qui leur vaut de nombreux amis qui les apprécient pour leur bonne humeur et leur aura positive.

Cancer / Bœuf

La combinaison de ces deux signes donne lieu à un tempérament rare avec quelques contradictions. Ils ne sont pas décidés, mais sont très calmes. Ils essaient de passer inaperçus et préfèrent observer de loin les événements inattendus plutôt que d'agir.

Elles sont rêveuses et inoffensives. Elles ont une intuition très fine et apprécient modérément leurs facultés. Elles ont la capacité d'être très organisées et leur vie est donc réussie.

Lion/ Bœuf

Le mélange de ces deux signes donne naissance à des personnes fières qui rêvent d'être toujours célèbres. Elles agissent avec dignité et n'aiment pas être trompées ou induites en erreur. Elles ont des principes et des valeurs, ce qui leur permet de gagner la faveur des autres. Ils sont drôles et charmants, mais arrogants et égoïstes. Ils meurent en défendant stoïquement leur point de vue et trouvent toujours un moyen subtil de gagner.

Elles allient la gentillesse à une grande confiance en elles pour obtenir ce qu'elles veulent ; elles s'entourent donc de personnes calmes et prêtes à accepter leur autorité.

Vierge / Bœuf

Cette combinaison permet de former des personnes concentrées et responsables.

Ils sont têtus, mais sociables et discrètement prudents. Elles ne sont pas lâches et sont du genre à vous aider en toutes circonstances. Elles sont vaniteuses et parviennent toujours à trouver leur place dans la vie.

Balance/Bœuf

Les personnes qui possèdent cette combinaison sont sages et ne prennent jamais de décision sans y avoir mûrement réfléchi et calculé.

Elle préfère agir lentement, mais avec assurance. La force du Bœuf donne à la Balance de l'assurance, de sorte qu'elle ne se laisse pas abattre par le doute. En même temps, la Balance adoucit l'entêtement du Bœuf et son désir de contrôler tout le monde.

Ils sont toujours calmes et très polis. Ils essaient de faire plaisir à tout le monde et de rendre service à ceux qui en ont le plus besoin.

Scorpion/Bœuf

Cette combinaison donne naissance à des personnes indépendantes et audacieuses. Elles ne demandent jamais de conseils ou d'aide.

La persévérance du Scorpion, associée à l'intrépidité du Bœuf, confère à ces personnes une force et une puissance surprenantes. La fortune favorise toujours ces individus qui savent exploiter toutes les opportunités.

Ils ont une forte intuition et, bien qu'ils ne soient pas les plus polis, ils sont capables de faire preuve de gentillesse lorsque c'est nécessaire.

Sagittaire / Bœuf

Les personnes ayant cette combinaison sont très drôles et toujours prêtes à écouter et à aider. Le tempérament sérieux du Bœuf contrebalance la personnalité aventureuse du Sagittaire, ce qui donne des individus qui ne sont pas téméraires. Ils sont calmes et leur estime de soi est inébranlable.

Son cercle d'amis est très limité, il déteste les conflits et les scandales.

Capricorne / Bœuf

La combinaison de ces signes donne naissance à des personnes obsédées par leur profession et leur succès. Elles peuvent être insensibles et égoïstes, car elles ne pensent qu'à être célèbres et à obtenir de la reconnaissance. Elles sont têtues, désintéressées et planifient leur vie dans les moindres détails. Elles n'aiment pas que quelqu'un se mêle de leur vie et n'aiment pas qu'on leur donne un avis ou un conseil.

Ils sont tellement sûrs d'eux qu'ils n'écoutent jamais les critiques, même si elles sont constructives.

Verseau/Bœuf

Ce mélange donne naissance à des individus à l'attitude optimiste. Ils aiment voyager et quand vous êtes avec eux, tout semble très paisible. Ils sont honnêtes et loyaux, avec une imagination extrêmement créative. Ils évoluent dans ce monde avec facilité, ignorant les obstacles ou les problèmes qui se présentent.

Ils traversent la vie avec aisance, sans se soucier des problèmes et des difficultés. Ils vivent dans un monde imaginaire et, lorsqu'ils tombent des nuages, ils se heurtent à une réalité parfois désagréable. Cependant, ils ont un caractère solide et supportent toutes les crises avec honneur.

Poisson / Bœuf

Les personnes qui possèdent cette combinaison résolvent facilement les conflits.

Même si elles sont timides, elles trouvent toujours la force de surmonter leurs faiblesses. Elles sont habiles, serviables et loyales. Leur gentillesse n'a pas de limites. Elles sont honnêtes avec leur entourage et ne savent pas faire semblant. Cela ne signifie pas qu'elles ne peuvent pas se défendre, mais si vous les blessez, soyez prêt à en subir les conséquences.

Tigre

Bélier/Tigre

Cette combinaison est typique des personnes les plus énergiques. Elles ne se reposent même pas en reculant, car leur temps est précieux à tous points de vue. Elles sont très intelligentes et ambitieuses et trouvent toujours un moyen d'atteindre leurs objectifs.

Le silence est leur ennemi, car ils ont besoin d'être constamment en mouvement. Elles ne ressentent jamais la peur ou le doute, elles vont simplement de l'avant avec courage. Elles s'entendent bien avec leurs amis et font preuve d'une personnalité charmante et affable.

Taureau / Tigre

Cette combinaison donne naissance à une personne capricieuse qui essaie toujours de ne pas montrer ses émotions. Trop prudent, il peut perdre le contrôle s'il est confronté à une injustice. Bien que le Taureau freine l'énergie têtue du Tigre, il ne faut jamais lui imposer son opinion. Il est équilibré et protège son honneur avec beaucoup de prudence.

Gémeaux/Tigre

Ce mélange donne aux personnes une foule d'idées et de projets, souvent irréalisables. Ils sont très téméraires, mais dotés d'une grande vitalité et d'un grand enthousiasme. Le courage du tigre protège les Gémeaux des décisions irréfléchies. Ce sont des individus intrépides qui regardent toujours tout ce qui leur arrive d'un œil optimiste. Ils sont toujours prêts à expérimenter car ils ne craignent pas les risques. Ils disposent d'une source d'énergie inépuisable pour réaliser tous leurs projets.

Cancer/Tigre

Des oppositions polaires s'affrontent ici : pouvoir et paresse, courage et fragilité. Cette lutte a un impact très fort sur la vie de ces personnes. Elles ont un tempérament imprévisible et souffrent donc beaucoup des difficultés les plus insignifiantes. Elles sont peu sûres d'elles et toujours hésitantes, car elles sont très réservées et ne demandent ni n'acceptent les conseils de personne.

Lion/Tigre

Cette union est très forte et puissante. Ils sont invulnérables, ils ne se laissent pas impressionner par quoi que ce soit ou qui que ce soit. Ils sont ambitieux et agissent toujours avec audace et précision.

Attachantes et charismatiques, elles savent gagner l'amour et l'amitié de tous. Malgré leur orgueil, elles n'hésitent pas à être gentilles.

Vierge/Tigre

Ce mélange donne naissance à une personne sensible, un modèle de perfection. Son comportement est parfait et inspire le charme et le respect. Vous pouvez lui faire confiance, car lorsqu'il vous aide, c'est du fond du cœur.

Elle ne se concentre jamais sur les aspects négatifs ; au contraire, elle essaie toujours de les soutenir par un mot gentil. C'est une psychologue et une enseignante de la vie qui a la capacité de voir l'essence des choses. Avec joie, elle sait toujours qu'il y a une solution à chaque problème.

Balance/Tigre

Amicales, gentilles et courtoises, les Balance/Tigre sont d'excellents interlocuteurs. Être en leur compagnie est non seulement agréable, mais aussi sûr.

Ils n'offenseront jamais avec un mot méchant, ils comprendront, réconforteront et donneront de précieux conseils. Le Tigre, noble et fort, est inférieur à la Balance, diplomate et encline aux longues réflexions. C'est pourquoi les personnes de ce signe sont moins énergiques, mais plus réfléchies et équilibrées que les autres Tigres. Elles ne ressentent pas le besoin d'imposer leur point de vue, elles ne gaspillent pas leur énergie dans des bêtises. Mais ils sont joyeux, aiment bavarder et s'entourent de choses et de personnes agréables. Les Tigres/Libres recherchent l'harmonie en toute chose, ils essaient de vivre en harmonie avec eux-mêmes et avec le monde qui les entoure.

Scorpion/Tigre

Cette combinaison donne aux individus une volonté rebelle et frénétique. Chacun de ces signes est extrêmement autonome, ce qui rend la personne déterminée. Ils sont convaincus de la réussite et accueillent favorablement tout changement.

Ils sont dignes de votre confiance car ils ont un cœur de miel. Leur honnêteté et leur désir de servir apportent du bonheur à tous ceux qui les entourent.

Sagittaire / Tigre

Ce mélange donne naissance à des personnes qui détestent l'anxiété et la dépression. Elles sont trop optimistes pour se laisser aller à des pensées aussi tristes. Elles ont le talent de surmonter les difficultés et sont toujours joyeuses.

Les gens les aiment parce qu'ils sont très sociables et amicaux et qu'ils ont la capacité d'accepter les critiques avec grâce. Rien au monde ne peut changer leur caractère juvénile.

Capricorne / Tigre

Lorsque ces deux signes se combinent, la personne a une grande maîtrise de soi. Elle fait face à toutes les difficultés avec calme et intelligence.

Dans son manuel de comportement, il n'y a pas de mot "trahison", il est très gentil, poli et serviable. Il est parfois méfiant, et c'est peut-être pour cela qu'il semble timide.

Verseau/Tigre

Cette combinaison respire la joie, être proche d'elle procure beaucoup de paix et de bonheur. Il est optimiste, inspire confiance et est très aimé. Il supporte bien la solitude et ne cherche pas de soutien.

Le Verseau est créatif et a un esprit non conventionnel.

Les qualités du Tigre sont neutralisées lorsqu'il embrasse l'intellectualité du Verseau. Ils pensent librement et ne se battent jamais pour le pouvoir.

Poisson/Tigre

Ces personnes singent le changement, ne s'inquiètent de rien et savent agir avec détermination. Sentimentales et naturellement généreuses, elles ne sont jamais envieuses et ont un désir inné de servir ceux qui sont dans le besoin.

Elles ne sont pas naïves, elles n'aideront donc pas quelqu'un qui ne le mérite pas. Elles ont une immense intuition qui leur permet de ne pas se tromper dans leurs actions. Elles sont très réservées sur leurs problèmes personnels.

Lapin

Bélier/Lapin

De cette combinaison naît un individu très actif, plein d'énergie et qui n'a pas peur de prendre des risques. Ils sont attirés par le danger et ont la capacité d'atteindre leurs objectifs sans l'aide et l'approbation des autres.

Ne les ignorez jamais, car bien qu'ils soient charmants, ils sont inflexibles.

Taureau/lapin

Cette combinaison donne naissance à une personne calme qui accorde une importance primordiale à son propre bien-être. Elle ne se mêle jamais de ce qui ne la concerne pas et pense que chacun est maître de sa vie et de ses problèmes.

Ils sont diplomates par nature et tolèrent les imperfections des autres. Il n'y a pas de place dans leur vie pour les problèmes absurdes et les préoccupations superficielles. Ils sont trop perspicaces pour gaspiller leur énergie sur des questions insignifiantes. L'union du Taureau et du Lapin est un mélange proportionnel d'intégrité et de sympathie.

Gémeaux / Lapin

Ces personnes se distinguent dans n'importe quel environnement parce qu'elles ont bon goût et projettent donc toujours une personnalité frappante. Elles aiment être admirées et, bien qu'elles soient attentives, elles ne tolèrent pas l'ennui. Le Lapin aide le côté agité du Gémeaux à éviter les actions frénétiques. La combinaison de ces signes est typique des personnes au tempérament non conventionnel. Ils communiquent bien et sont loyaux.

Cancer / Lapin

De ce mélange naît un individu sage. Cependant, il est instable, têtu et matérialiste. Il pense qu'il a toujours raison et que tout le monde doit le respecter. Pour lui, le moindre échec est une honte, car il a l'habitude d'être trompé. Cela ne veut pas dire qu'il ne s'estime pas, car il sait se sortir des circonstances avec courage et ténacité.

Lion / Lapin

La chance favorise ce type de personne. L'honnêteté du Lapin façonne la fierté du Lion, ainsi ce mélange donne naissance à des personnes discrètes et polies. Ils sont très corrects, attentifs, ont de bonnes manières et détestent l'agitation et les mauvaises ambiances.

Elles sont créatives, ne s'ennuient jamais, même lorsqu'elles sont seules, et sont toujours occupées à de nouveaux projets. Partout où vous les rencontrez, elles se distinguent par leur charisme et leur aura magnétique.

Vierge / Lapin

C'est un mélange qui donne aux gens l'incertitude qui crée des états d'anxiété intenses. L'union du tendre Lapin et de la Vierge est réussie parce qu'elle atteint une harmonie et un équilibre inhabituels.

Les personnes présentant cette combinaison mènent un style de vie mesuré, évitant les conflits dans la mesure du possible. Elles ne sont pas instables et sont toujours satisfaites de ce qu'elles ont. Elles apprécient les choses simples de la vie, car pour elles, être perfectionniste est un compromis très incertain.

Balance / Lapin

Il est difficile de résister à cette combinaison séduisante. Leur tempérament poli et leur façon de communiquer feront tomber amoureux n'importe qui.

Ils ne sont pas espiègles et n'ont pas peur de taquiner. La diplomatie de la Balance, combinée à l'équilibre du Lapin, les rend encore plus délicats. Ils ne s'impliquent pas dans les disputes et, s'ils le font, ils trouvent toujours un moyen de résoudre les difficultés.

Pour eux, la santé émotionnelle passe avant tout et tout le reste est secondaire.

Scorpion / Lapin

Il s'agit d'une combinaison très sincère, qui tend toujours à être agréable. Mais en même temps, elle est difficile. Ils ont une énergie intense qui attire et envoûte. Elles agissent toujours avec prudence et font preuve d'un savoir-faire unique. Ces personnes sont très chanceuses, toutes leurs activités sont toujours couronnées de succès, ce qui suscite souvent l'envie chez les autres.

Sagittaire / Lapin

Cette personne est un excellent communicateur et un auditeur respectueux. Toujours polie, elle ne pense que positivement dans toutes les situations. Elle aime voyager et sa vie est pleine d'histoires intéressantes.

Les qualités du Lapin adoucissent le caractère indépendant du Sagittaire. L'effet de l'union de ces deux signes est excellent ; en effet, on dit que c'est la plus célèbre et la plus triomphante des douze fusions.

Capricorne / Lapin

Cette combinaison donne un individu calme et équilibré. L'entêtement et le sérieux du Capricorne se combinent à merveille avec la douceur et l'incertitude du Lapin. Il en résulte une personne au tempérament indépendant.

Vous êtes romantique, mais seulement avec votre famille et vos amis. L'union du Capricorne et du Lapin justifie votre talent et votre capacité à vous adapter à toutes les circonstances.

Verseau / Lapin

De cette combinaison naît un individu imprévisible qui n'a pas peur de paraître excentrique. Amoureuse de la liberté, cette personne ne considère pas qu'il soit important de suivre les règles habituelles.

Ils ont un excellent caractère, sont joyeux et optimistes. Cette combinaison a un esprit d'aventure naturel et vous ne les verrez jamais tristes ou abattus.

Poisson/lapin

Les personnes les plus gentilles naissent de cette combinaison. Bien qu'ils paraissent innocents, cela fait partie de leur capacité à être gentils et ne représente pas leur âme. Ces personnes sont intuitives et perspicaces, mais aussi rusées, de sorte que personne ne peut profiter d'elles.

De cette union naissent des personnes manipulatrices qui savent manipuler les faiblesses.

Dragon

Bélier / Dragon

Cette combinaison donne une personne vigoureuse. Pour lui, les obstacles n'existent pas. La vie les a dotés des facultés d'un vrai leader. Il est parfois impulsif et tolère mal les défauts des autres.

En tant qu'ennemi, il est cruel, sûr de lui et très vaniteux. Ils ne tiennent jamais compte de l'opinion des autres et visent la grandeur à tout prix et en toutes circonstances.

Taureau/Dragon

Ces personnes sont très équilibrées. La résistance du signe du Taureau, combinée à l'énergie intense du Dragon, les rend enclines à des actions extravagantes.

C'est une personne intelligente et terre-à-terre. En même temps, il est joyeux et aime se gâter avec de petites choses. Cependant, il ne dépense jamais son énergie en vain.

Gémeaux / Dragon

Elles sont énergiques et trouvent toujours le moyen de réaliser leurs fantasmes. Elles ont beaucoup de chance car, grâce à leur intuition, elles perçoivent subtilement les énergies qui les entourent.

Une personne présentant cette combinaison se distingue non seulement par ses connaissances et sa jeunesse, mais aussi par sa maturité. Elle est dynamique et très populaire. Vous avez de nombreuses compétences, mais la plus importante est votre subtilité.

Cancer/Dragon

Il est toujours prêt, apprécie les gens et se réjouit vraiment de leurs triomphes. Ce crabe n'est pas aussi sensible que les autres. Le Dragon lui donne du pouvoir et de la confiance en soi.

Elles ont un tempérament équilibré et n'agissent pas de manière irréfléchie. Très méthodiques et calmes, elles sont capables de se défendre avec détermination. Têtues, capricieuses, elles manquent de tact.

Lion / Dragon

C'est une personne qui est née gagnante. L'échec et la défaite n'existent pas pour lui. Il est intelligent et sûr de lui, il est donc capable de résoudre n'importe quel problème. L'union du Lion et du Dragon est une combinaison très réussie qui donne à la personne un attrait hors du commun. Sa vie est couronnée de succès et il peut facilement réaliser tout ce qu'il désire.

Vierge/Dragon

Cette personne est forte, préfère résoudre tous les problèmes et ne pas se perdre dans les bêtises. Elle a une grande imagination et un caractère complexe. Elle donne l'impression d'être tranquille, mais en réalité elle rêve de gloire.

C'est un idéaliste qui recherche la perfection avec confiance. En bref, vous êtes une personne extraordinaire et unique.

Balance/Dragon

La personne qui possède cette combinaison est discrète et intelligente. Derrière sa personnalité charmante se cache un tempérament fort. Limitée dans sa communication, elle protège son monde intérieur de la curiosité extérieure. Elle se distingue par sa bonne volonté, étant énergique et vigoureuse.

Il est toujours attentif aux problèmes des autres, mais sa douceur l'empêche d'assumer les malheurs d'autrui. Bien qu'il aime la solitude, il a parfois besoin d'amis.

Scorpion/Dragon

Ces personnes vivent selon leurs propres convictions car elles n'ont pas la capacité de s'adapter aux normes des autres. Elles sont très autonomes et n'aiment pas se plaindre, encore moins maudire leur chance.

Le pouvoir du feu du Dragon leur donne de la force, et la nature tenace du Scorpion ne leur permet pas de cesser de se battre et de tomber. Ils ont un grand courage, sont difficiles à discerner et impossibles à apprivoiser.

Sagittaire/Dragon

Ce mélange donne au monde des personnes joyeuses et optimistes qui savent profiter de la vie. La caractéristique la plus évidente du signe du Sagittaire est son optimisme ; le Dragon partage avec lui sa force. Cette personne est prête à affronter n'importe quelle expérience. C'est l'un des dragons les plus compatissants ; sa force ne peut que susciter l'envie.

Il a la capacité de remonter le moral des gens et c'est pourquoi il est toujours entouré d'amis.

Capricorne/Dragon

C'est la personne qui est sûre de toujours réussir. Il n'a pas peur de perdre car il sait que les échecs sont des leçons et des tremplins.

Modeste et digne, il ne demande jamais de pitié et atteint tous ses objectifs par le travail, se distinguant par son efficacité. Il combine les qualités des deux signes : sens pratique, courage et secret. C'est un gagnant né, doté d'une énergie vigoureuse et d'un charisme extraordinaire.

Verseau/Dragon

Cette combinaison donne naissance à une personne extraordinaire dotée d'une créativité inégalée. Il recherche la liberté de vivre comme il l'entend et est un éternel rêveur. Il est tout à fait normal qu'il commette des erreurs, même s'il a parfois du mal à les voir. Sous l'influence du Dragon, le Verseau acquiert la raison. Les personnes de cette combinaison sont connues pour leur versatilité et leurs brusques changements de caractère.

Poissons/Dragons

Cette combinaison donne une personne fragile et sans défense. Elle est méfiante, prudente et stricte.

Ils se caractérisent par le fait qu'ils ont toujours des doutes, mais sont parfois capables d'actions risquées s'ils doivent se défendre. Ces personnes recèlent de nombreux mystères, mais leurs principales caractéristiques sont l'ouverture d'esprit et la spontanéité.

Serpent

Bélier / Serpent

C'est une personne dotée d'une volonté extraordinaire. Il est lent et méthodique et ne se fie jamais aux opinions des autres. Il se distingue par son attitude prudente et par le fait qu'il a toujours l'intuition de ce qui est le mieux dans une situation donnée.

Le sage Serpent confère au Bélier le don de l'intuition, ce qui lui garantit le succès. Leurs décisions sont toujours précises et opportunes et ils réalisent facilement tout ce qu'ils planifient. Ils ont une incroyable capacité à influencer le destin des autres.

Taureau / Serpent

Ces personnes donnent l'impression d'être positives, mais ont besoin d'affection. Elles sont appréciées pour leur tempérament égal. Elles ont une patience infinie et atteignent donc toujours leurs objectifs.

L'union entre le laborieux Taureau et l'intelligent Serpent est gagnante, c'est une énergie renforcée par le pragmatisme, la sérénité et la raison.

Gémeaux / Serpent

Elles sont pleines d'enthousiasme et d'optimisme. Malgré leur polyvalence, elles ne sont pas superficielles, mais plutôt enclines à l'abstraction et au raisonnement.

Les personnes de cette combinaison sont organisées, ce qui n'est pas caractéristique du signe des Gémeaux. La combinaison du Serpent et des Gémeaux est intéressante, car ces deux signes se renforcent mutuellement. Cependant, ils peuvent être exigeants.

Cancer / Serpent

Cette union donne naissance à un individu mystérieux. Sa principale caractéristique est l'intuition. Il ne supporte pas les critiques désagréables à son égard, même si c'est une personne séduisante et drôle qui sait plaire aux autres.

Il est très intelligent, sensible et correct, de sorte que les conversations avec lui sont pleines d'énergie positive.

Lion / Serpent

Ce mélange donne naissance à des individus qui manquent de pragmatisme. Elles participent activement à la vie des autres. Une personne très forte qui a toujours des exigences excessives. Elle pense être la goutte d'eau qui fait déborder le vase et se plaint donc toujours aux autres, même si elle le fait avec tact et diplomatie.

Elle est très sociable, communicative et polie, mais cache soigneusement ses véritables sentiments.

Vierge/Serpent

Cette combinaison fait de vous une personne calme qui inspire confiance aux autres. Vous vous distinguez non seulement par votre beauté extérieure, mais aussi par vos bonnes manières et votre éducation. Vous avez une intuition très développée et un esprit méthodique. Vous consacrez beaucoup de temps à la réflexion pour tirer des conclusions.

Elle est plutôt discrète, mais lorsqu'elle communique, c'est intéressant, car elle aime plaisanter et partager des sujets neutres.

Balance/Serpent

Ce sont les personnes les plus diplomates au monde. C'est un mélange célèbre car ces personnes sont très calmes et équilibrées. Elles sont extrêmement polies et respectent les opinions des autres.

Elles n'ont pas besoin d'approbation extérieure car elles sont très sûres d'elles. Elles sont faciles à vivre, optimistes quant à l'avenir et, grâce à leur charme, attirent toutes sortes de personnes dans leur vie.

Cependant, ils ne sont pas aussi innocents qu'ils en ont l'air, leur sagesse dépasse toutes les limites et leurs points de vue sont d'un autre monde.

Scorpion/Serpent

Ce mélange est sujet à des actions imprévisibles. Leur volonté est très forte.

Il est littéralement impossible de confondre cette combinaison, car elle agit toujours selon ses propres idéaux. Ne faites que ce que vous jugez nécessaire et, ce faisant, affligez les autres. Tous ceux qui vous entourent doivent se soumettre à votre volonté et, s'ils ne le font pas, ils deviennent vos ennemis. En même temps, recherchez sa paix intérieure.

Sagittaire / Serpent

Cette combinaison est la plus attrayante et la plus sociable de tous les Serpents. Il est charismatique, mais plein de contradictions. Il est intelligent et perspicace, mais capable de prendre des décisions irréfléchies, car il est aussi émotif et impulsif.

Les gens autour d'eux ne les comprennent guère et n'approuvent pas leur mode de vie bizarre.

Capricorne/Serpent

Cette personne a un intellect développé, est bien équilibrée et a un sang-froid effrayant. Elle est totalement indifférente aux autres et n'a jamais besoin de leur soutien.

Elle réagit parfois avec colère lorsqu'on la critique. Elle est douée d'esprit et calcule toujours chaque situation à l'avance. Elle est très contrôlée et ne se laisse jamais dominer par ses émotions, mais elle a bien sûr de nombreux défauts qui font d'elle une personne normale.

Verseau / Serpent

Cette combinaison passe sa vie à rechercher de nouvelles expériences. Cette combinaison est sympathique parce que c'est une personne efficace avec une mentalité de transformateur.

Ils ont des capacités exceptionnelles et des compétences inégalées. La chose la plus importante pour eux est qu'ils ne ressemblent à personne d'autre. Ils ont une telle énergie qu'ils peuvent facilement surmonter n'importe quel obstacle.

Poisson / Serpent

Nous avons ici une personne modérée et cultivée. Considéré comme un modèle de justice.

Le Serpent vous confère respectabilité, puissance et fermeté. Vous vous distinguez par votre douceur et votre patience, mais aussi par vos caprices et votre désir de vengeance si l'on vous met des bâtons dans les roues. Vous êtes très expansif et voulez vivre la passion 24 heures sur 24.

Cheval

Bélier / Cheval

Ces personnes ont une énergie irrépressible et sont très curieuses. Cette combinaison renforce les caractéristiques des deux signes. Le signe du Bélier est têtu et tenace. C'est un cheval au tempérament incontrôlable.

Vous êtes une personne émotive, mais vous n'avez pas peur du changement ; au contraire, vous profitez toujours de n'importe quelle circonstance pour transformer radicalement votre vie.

Taureau/cheval

Cette personne n'est intéressée par rien dans la vie, seulement par le fait d'éviter la souffrance et de suivre son propre chemin. Elle ne cherche pas à changer le monde ou à prouver qu'elle a des qualités uniques.

Il sait ce qu'il veut et ce dont il a besoin dans la vie, et il compte bien y parvenir en toute tranquillité. Têtu, intransigeant, vous n'avez peur de rien car vous n'avez pas de faiblesses. Vous êtes une personne noble et sensible dans l'armure templière.

Gémeaux/Cheval

Ce sont des penseurs rapides, pleins d'idées et de projets. On les reconnaît à leur personnalité imprévisible, car ils changent facilement d'avis.

Ils ne s'ennuient jamais car ils sont généralement entourés d'amis. Il est illusoire de prophétiser leurs humeurs ou de comprendre les raisons de leurs actions.

Cancer/Cheval

Ces personnes sont humbles, sensibles et très dépendantes du jugement des autres. Le crabe est un signe fermé par nature, mais sous la domination du cheval, il prend confiance en lui.

Ces personnes ont une personnalité harmonieusement équilibrée, ce qui leur permet de se maîtriser et de contenir les expressions négatives de leur nature.

Lion/Cheval

Ces personnes transmettent aux autres leur optimisme parce qu'elles aiment la vie dans toutes ses manifestations. Elles ne savent pas être tristes et pensent positivement en toutes circonstances.

Il ne doute jamais de personne et veille à satisfaire les souhaits de sa famille et de ses amis. Il essaie d'utiliser la pensée logique, mais n'exclut pas l'influence des émotions. Il est parfois confronté à des revers, mais ces circonstances n'affectent pas son état d'esprit.

Vierge / Cheval

Ces personnes sont séduisantes et positives. Leur tempérament est équilibré, elles sont actives et énergiques. L'union de ces deux signes est très fructueuse, car elle donne à ces personnes de l'optimisme.

Ils savent profiter de la vie et se distinguent par leur joie. Elles cherchent toujours à évoluer et à acquérir de nouvelles connaissances. Elles réussissent généralement partout où elles vont.

Balance / Cheval

Cette combinaison donne naissance à des personnes joyeuses au tempérament extrêmement affable. Elles n'aiment pas être seules et se font facilement des amis. Elles ont beaucoup de maîtrise de soi, leur mentalité est très développée et les autres leur pardonnent facilement. Certaines, si elles exposent leur côté négatif, peuvent être narcissiques ou avoir un mauvais caractère.

Scorpion/Cheval

Cette personne est très difficile à gérer car elle est têtue. Elle est passionnée, ne joue pas avec les conflits et est très sûre d'elle. Elle est parfois très égoïste et se comporte comme un enfant lorsqu'elle n'obtient pas un jouet.

Elles se rendent compte de la douleur des autres et ont tendance à les éviter si elles sont proches d'eux.

Sagittaire/Cheval

Cette personne a une naïveté unique, elle est heureuse et profite de chaque instant. Elle vit dans l'instant présent.

Il est très optimiste et rêveur. Il a horreur de l'ennui et est comme un enfant qui persévère dans l'apprentissage de tout ce qui est inconnu. Rien ne peut être laissé en l'état dans sa vie, tout doit se dérouler dans un cycle de changement, qu'il s'agisse d'un changement de statut familial, de travail ou de domicile.

Capricorne/Cheval

Ces personnes sont réalistes et n'ont pas peur. Elles planifient leur avenir avec soin, sont tenaces, ont un fort potentiel de créativité et réfléchissent beaucoup.

Elles peuvent réaliser tout ce qu'elles veulent et leur nature sociable est très influente dans leur cercle familial. Elles sont réceptives et les gens leur parlent de leurs problèmes car elles reçoivent presque toujours le bon conseil.

Verseau / Cheval

Cette personne est persévérante et est née pour réussir. Elle est très curieuse et ne supporte pas la paresse. Sa vie est en perpétuel changement et c'est pourquoi elle se met parfois en colère. L'imprévisible Cavallo renforce les caractéristiques du Verseau telles que la joie et l'agitation. Ces personnes sont toujours pressées et vous singez que le temps va manquer et qu'elles ne pourront pas terminer tout ce qu'elles ont planifié. Elles croient fermement en leur victoire et se caractérisent par leur imagination.

Poissons / Cheval

Ces personnes sont accommodantes et s'attirent facilement les faveurs de tous ceux qu'elles rencontrent. Elles sont connues pour leur caractère affable et se font facilement des amis.

Elles sont drôles et sensibles à la douleur des autres. Elles sont toujours prêtes à soutenir n'importe qui, même ceux qu'elles ne connaissent pas.

Chèvre

Bélier / Chèvre

Cette personne est forte et déterminée. Elle est têtue et ne se soucie guère des problèmes des autres. Elle est ambitieuse et persévère pour réussir.

Les personnes de cette combinaison sont toujours actives, en train de faire quelque chose ou d'attendre quelque chose. Elles sont très gentilles et refusent de croire en la méchanceté humaine.

Taureau / Chèvre

Ces personnes se caractérisent par une attitude positive. De temps en temps, elles prennent du recul pour réfléchir calmement aux questions importantes. Elles ne tolèrent pas la confusion et agissent avec prudence et délibération.

Ils résolvent tout conflit par le raisonnement afin d'éviter de gaspiller de l'argent. Ils ne dépensent pas d'argent sans réfléchir et ils ont une intelligence et une intuition très avancées.

Gémeaux / Chèvre

Elles sont affables et charment les autres par leur infatigable gaieté. Elles préfèrent un environnement familier, loin de l'agitation, et détestent les commères.

Vous pouvez leur faire confiance car ils sont honnêtes, ne mentent pas et ne trichent pas. Elles sont intelligentes et s'efforcent de réussir tout projet. Elles ne sont pas enclines au gaspillage, mais aident les membres de leur famille financièrement et en leur prodiguant des conseils.

Cancer / Chèvre

C'est une personne gentille et accommodante. Il évite toujours les conflits et sait très bien cacher son mécontentement. Elles sont vulnérables, mais très prudentes malgré leur faiblesse mentale.

Protégeant soigneusement son espace personnel, sa maison est son sanctuaire, et c'est là qu'il se réfugie lorsqu'il est en difficulté. Il est connu pour sa capacité à répondre sincèrement mais avec gentillesse.

Lion / Chèvre

Ces personnes aiment être au centre de l'attention, sont dignes d'admiration et ont de la sagesse.

Lorsqu'ils travaillent, c'est toujours pour atteindre un objectif élevé. La sagesse et l'intuition les aident à éviter les erreurs et, en cas d'urgence, elles ont la capacité de recourir à des stratégies très sages. Elles aiment le luxe et savent vivre avec élégance.

Vierge/chèvre

Vous êtes une personne très sensible. Vous avez la capacité de penser logiquement et êtes pragmatique dans les affaires.

Elles sont rationnelles, mais peuvent aussi être capricieuses et instables. Elles aiment commenter et donner des conseils et ont un talent inné pour repérer les défauts, de sorte qu'elles examinent minutieusement leurs propres actions et celles de leurs collègues. Les personnes qui les entourent admirent leurs efforts et les traitent avec respect. Elles n'ont généralement pas d'ennemis.

Balance/chèvre

Ces personnes sont très sociables et aimables avec les autres. Elles ont de nombreux talents cachés et sont enclines aux arts. Elles aiment les choses luxueuses et la compagnie de personnes élégantes. Elles s'efforcent de maintenir un équilibre raisonnable et de ne pas tomber dans la bassesse. Elles ont la capacité de transférer leurs responsabilités aux autres. Elles s'adaptent facilement aux changements et perçoivent positivement toute transformation.

Scorpion / Chèvre

Ces personnes ont une intuition extraordinaire, elles distinguent facilement les fausses personnes et il est littéralement impossible de leur mentir. Ce sont des personnes loyales,

Ils ne sont pas méchants, ils essaient d'être courageux, mais en même temps ils ont des doutes et sont tourmentés par leur insolvabilité. Ils gardent leurs secrets si précieusement que personne ne peut pénétrer les profondeurs de leur âme.

Sagittaire / Chèvre

Vous êtes la personne qui est toujours au courant des derniers développements. Elle est perspicace et ambitieuse pour tout ce qui est nouveau. Elles ont une pensée non conventionnelle et surprennent parfois les autres par leurs actions inattendues.

Elles évitent habilement les obstacles et ont toujours un plan B, car leur mentalité rusée les aide dans les situations difficiles. Elles n'aiment pas s'encombrer d'obligations et sont parfois de bons conseillers.

Capricorne / Chèvre

C'est un mélange dans lequel la persévérance est synonyme de ces personnes. Elles n'ont peur de rien et n'abandonnent jamais, même si les choses deviennent sérieuses. Elles n'abandonnent jamais et planifient et calculent tout dans les moindres détails.

Ils ne s'offusquent jamais des critiques et savent les atténuer. Ils défendent la vérité jusqu'au bout, même si cela va à l'encontre de leurs intérêts.

Verseau / Chèvre

Ces personnes sont absolument concentrées sur leurs sentiments, elles sont honnêtes, elles sont bavardes, elles sont capables de communiquer leurs opinions à tout le monde.

C'est une personne émotive qui prend la beauté très à la légère. Il n'a jamais eu l'intention de laisser des étrangers pénétrer dans sa vie privée, car il est beaucoup plus confortable pour lui d'entretenir de bonnes relations et de ne pas se mêler à tout le monde. Il aime passer du temps avec sa famille. Il planifie son budget global de manière raisonnable, n'est pas gourmand et ne dépense pas d'argent pour des futilités.

Poisson / Chèvre

Les personnes ayant cette combinaison ont un caractère tranquille. Elles apprécient le confort, aiment le foyer et sont très attachées à leur famille. Elles idéalisent parfois leurs amis et attendent d'eux de la compréhension et de l'aide dans les moments difficiles. Elles ne tolèrent pas les mensonges et les trahisons. Elles ont un sens aigu de la justice et n'acceptent en aucun cas la cruauté. Elles combinent avec succès les affaires et les plaisirs.

Singe

Bélier / singe

Les personnes de ce signe sont persuasives. Elles aiment rire. Elles explorent le monde avec enthousiasme et joie et sont très curieuses.

Elles ne sont pas responsables et prudentes dans les affaires, mais comme elles sont très actives, elles réussissent souvent. Ils ont confiance en leurs capacités, mais s'ils échouent, ils se mettent en colère contre tout le monde, y compris eux-mêmes. La pire humiliation pour eux est d'être laissés pour compte. Elles n'écoutent pas les critiques des autres, mais y sont sensibles.

Toro/ singe

C'est une combinaison de pouvoir. Les personnes de ces signes sont sociables et possèdent un optimisme infini. Ce sont des personnes de confiance qui gardent un esprit positif dans toutes les situations.

Ils ne se soucient pas de l'argent et ne sont pas intéressés par la spéculation. Ils réussissent dans les affaires et n'ont pas besoin de travailler autant que les autres signes. Vous faites toujours passer les intérêts de vos proches en premier et vous vous sacrifiez pour eux.

Gémeaux / Singe

Cette combinaison de signes donne naissance à des personnes impulsives et agitées. Il est très facile de communiquer avec elles et leurs émotions ne les empêchent jamais de faire ce qu'il faut.

Ils sont enthousiastes, avec un désir intense de progresser. Elles connaissent les techniques pour vaincre les ennemis. Elles ont la capacité de rester sous pression pendant de longues périodes et l'influence du signe des Gémeaux en fait des personnes polyvalentes.

Cancer / Singe

Ces personnes ont un esprit vif. Elles ont une personnalité énigmatique, mais la capacité de ressentir profondément. Ces personnes se caractérisent par le fait qu'elles vivent étouffées par leurs sentiments, qu'elles écoutent leurs intuitions. Elles sont quelque peu timides, mais en même temps insatiables et sûres d'elles. Elles sont méfiantes lorsqu'elles s'engagent dans une relation amoureuse, craignant d'être blessées.

Leur tempérament est instable et elles ne sont donc jamais très claires quant à l'organisation de leur vie.

Lion/ singe

Cette personne est très réceptive. Ce sont des leaders par excellence, ils savent où ils veulent aller et ils y mettent tous leurs efforts.

Elles ne se moquent pas des obstacles ; au contraire, elles en sortent renforcées. Elles sont idéalistes et perspicaces. Elles peuvent être quelque peu têtues dans leurs opinions, mais elles font toujours preuve d'une sincérité inconditionnelle. Elles sont attirées par le luxe et le pouvoir. Elles sont capables d'user de ruses pour déshonorer leurs ennemis. Elles sont également capables d'arrogance.

Vierge/ Singe

Il s'agit d'une combinaison complexe. Ils agissent avec diplomatie et sans réserve. Elles sont très discrètes, mais amusantes. Elles aiment aider les autres à résoudre leurs problèmes.

Ils sont fascinants, aiment apprendre et ont la capacité d'analyser les contextes les plus compliqués. Elles sont si attentives et intuitives qu'elles peuvent voir toutes les facettes d'une question. Elles sont pratiques, volontaires et astucieuses, toujours à la recherche de l'excellence. Elles possèdent le don de prudence.

Balance / Singe

Ces personnes ont un grand cœur. Elles s'impliquent dans les problèmes des autres parce qu'elles les ressentent. Elles détestent l'injustice et sont très sociables. Elles ne tolèrent pas la cruauté et sont très diplomates face à l'hostilité. Elles aiment travailler en groupe et sont curieuses, une vertu qui, si elle est utilisée pour découvrir de nouvelles choses, est très bénéfique, mais peut aussi devenir un défaut si elles veulent se mêler des affaires des autres. Elles ne font jamais de faux pas car elles ne perdent jamais leur élégance. Elles sont un mélange de raffinement et de dynamisme.

Scorpion/singe

Ce sont les signes de personnes aux multiples facettes. Elles ont des capacités de clairvoyance, sont mystérieuses et indépendantes. Elles aiment généralement créer un bouclier pour protéger leurs émotions.

Ce sont des individus bohèmes et, bien qu'ils semblent détachés du monde, ils le jugent en réalité avec leur mentalité critique. Ils sont puissants, leur volonté est incroyable, mais ils sont facilement influencés par les conditions qui les entourent. Elles ne peuvent pas se taire et deviennent très critiques. Ils sont de bons amis pour les personnes qu'ils considèrent comme dignes de respect.

Sagittaire/ Singe

Cette combinaison est typique des personnes polyvalentes et aventureuses. Leur esprit est toujours ouvert à de nouvelles expériences.

Elles sont fiables et toujours prêtes à se battre pour de bonnes causes, même au prix de leur vie. Elles aiment lancer des projets et apprendre de nouvelles choses. Elles sont d'excellentes organisatrices et généreuses. Elles ont un grand tempérament qui se manifeste dans les circonstances difficiles.

Capricorne / Singe

La combinaison de ces signes donne naissance à des personnes responsables qui sont prêtes à persévérer pour atteindre leurs objectifs.

Ce sont des personnes impartiales, mais avec une personnalité parfois introvertie et peu sûre d'elle. Ce sont des personnes de confiance, très respectueuses. Elles sont excellentes dans l'administration et tout ce qui touche à l'économie. Il leur est parfois très difficile d'exprimer leurs sentiments, mais lorsqu'ils le font, ils sont passionnés dans leur intimité.

Verseau/ Singe

Les personnes ayant cette combinaison sont connues pour leurs fantasmes. Elles sont extrêmement originales et sincères.

Généreux et indépendants, se faire des amis est vital pour eux, même si leur cercle d'amis est large et inconstant. Ils sont sociables et leur priorité est d'être occupés avec leurs amis et de s'amuser. Elles sont compatissantes et lorsqu'elles donnent quelque chose, elles le font de manière désintéressée. Elles brillent généralement dans toute profession qui leur donne l'occasion d'utiliser leurs talents.

Poissons / Singe

Cette combinaison est très intéressée par les problèmes sociaux, mais elle déteste être jugée et se sent très offensée si quelqu'un la critique. Elle n'est jamais de mauvaise humeur et, si elle l'est, elle ne le montre pas. Elles traitent bien tout le monde, aiment passer du temps avec leurs amis et sont sociables. Elles sont les personnes idéales pour organiser une réunion sociale et sont toujours prêtes à s'amuser.

Ils sont transparents et ne croient pas au mal humain.
Il est facile pour les gens de leur faire confiance.

Coq

Bélier / Coq

Ce sont des personnes déterminées et têtues. Les convaincre de changer d'avis peut s'avérer une mission quasi impossible.

Ils sont autonomes et savent diriger leur propre vie. Ils sont parfois très têtus lorsqu'il s'agit de trouver un accord, lorsqu'ils ont des points de vue différents. Lorsqu'ils tombent amoureux, ils sont loyaux et jaloux et veulent toute l'attention. Leurs crises émotionnelles sont rapides et intenses. Lorsque les autres sont en difficulté, ils sont les premiers à offrir leur aide.

Toro/Coq

Cette combinaison donne aux gens de la modération. Leur tempérament est très fort et polyvalent.

Elles se caractérisent par leur capacité à réagir à toute circonstance où l'environnement est chaotique. Elles sont pratiques, déterminées et pleines de volonté. Elles sont stables et toujours loyales envers un chef en qui elles ont confiance. Elles aiment la tranquillité et respectent les règles. Elles évitent les dettes et sont réticentes au changement. Elles aiment le luxe et la bonne chère.

Gémeaux / Coq

Ces personnes sont libres et aiment exprimer ouvertement leurs sentiments. Elles n'ont pas peur d'être différentes, elles sont modérées dans la famille.

Sensuelles et fidèles, elles sont de bons parents et ont tendance à être possessives. Elles sont entreprenantes et réussissent dans les professions financières. Elles exploitent parfois leurs qualités à leurs propres fins et peuvent recourir à la tromperie sans perdre leur humour pour obtenir ce qu'elles veulent. Elles se découragent facilement lorsqu'elles ne sont pas flattées.

Cancer/Coq

Les personnes de ce signe aiment recevoir des compliments. Son intuition est si développée qu'elle est capable de comprendre les états émotionnels des autres. Elles sont sûres d'elles, communicatives et intéressantes. Elles sont prudentes lorsque c'est nécessaire et peuvent s'identifier aux autres grâce à leur grande imagination. Elles sont vaniteuses et essaient de construire leur vie en fonction d'un idéal fantastique. Elles ont tendance à être désordonnées et aiment être flattées. Elles ont une excellente mémoire et sont de bons administrateurs.

Lion / Coq

Ensemble, ces deux signes forment une personne charmante au tempérament peu conventionnel. Ils n'hésitent jamais lorsqu'il s'agit de prendre une décision et, s'ils le font, personne ne le remarque.

Elles sont indépendantes et calculatrices, des caractéristiques qui les aident toujours à atteindre leurs objectifs. Elles savent surmonter tous les obstacles sans crainte. Leur confiance en soi les conduit parfois à l'entêtement, à la mauvaise humeur, à la puissance et à l'arrogance. L'orgueil peut parfois les contrôler et ils peuvent également faire preuve d'une attitude naïve qui ne leur permet pas de raisonner.

Vierge / Coq

Ce mélange donne naissance à des personnes intelligentes, fiables et honnêtes. Elles se comportent poliment et sont capables de converser sur n'importe quel sujet. Elles ont une intuition très forte et leurs opinions ne sont jamais biaisées.

Elles sont sociables, comprennent les sentiments des autres et sont éloquentes. Elles sont parfois trop bavardes, mais elles savent s'arrêter à temps. Elles sont perspicaces et savent donc exprimer leurs opinions. Elles ont tendance à critiquer, ce qui vexe beaucoup les autres.

Balance /Coq

Ce mélange de signes se retrouve chez les personnes qui ne se mettent jamais en colère pour des broutilles. Ce sont des personnes douces et calmes. La fusion du Coq et de la Balance crée une personnalité équilibrée. Cette combinaison est parfaite car ces personnes ont un grand pouvoir de séduction et sont charmantes.

Ils ne s'arrêtent jamais avant d'avoir atteint le résultat idéal. Ils projettent une image positive, communiquent avec toutes sortes de personnes et s'adaptent à toutes les circonstances.

Scorpion / Coq

La personne qui présente ces signes est un leader par excellence. Elle a la capacité de reconnaître les faiblesses des autres, mais ne les critique pas car elle sait que personne n'est parfait. Cette personne a parfois un caractère compliqué, difficile à comprendre, car elle est parfois très orgueilleuse et cupide. Les relations sexuelles peuvent être son point faible ; il a eu de nombreux partenaires tout au long de sa vie. Il est honnête avec ses partenaires tant que l'amour dure.

Sagittaire / Coq

La combinaison de ces deux signes donne naissance à une personne qui est la vie de la fête et la meilleure compagnie. Ils aiment être au centre de l'attention, mais sont calmes et éloquents. Elles sont honnêtes et, bien qu'elles soient pacifiques, elles sont souvent impliquées dans des conflits, mais elles n'agissent jamais avec malice. Vous êtes la personne qui transmet l'optimisme, qui sait s'excuser lorsqu'elle fait des erreurs et qui aime la famille par-dessus tout.

Capricorne / Coq

Lorsque ces deux signes se rencontrent, la personne est bavarde, mais pas sur des sujets insignifiants. Elle est modérée dans ses actions car elle n'aime pas blesser qui que ce soit. Son entêtement l'empêche parfois d'admettre ses erreurs et il est peu enclin à faire des compromis. Leur patience est infinie et leur volonté inébranlable, ce qui leur permet d'être résolues. Leur sensibilité se cache sous ce bouclier d'équanimité. Elles sont faciles à persuader et, grâce à leur charisme, il est très difficile de ne pas leur prêter attention.

Verseau/ Coq

Cette combinaison est typique des personnes excentriques et libertines. Leur personnalité est irrésistible et leur aura intrigante. Elles n'ont pas peur d'être des rêveuses car elles sont convaincues que leurs idées sont les meilleures, sont toujours impliquées dans des projets innovants et sont ambitieuses.

Ce sont de bons amis, l'attention et l'aide aux autres est une priorité pour eux. Bien qu'ils s'impliquent rarement dans les problèmes des autres, en cas d'injustice, ils défendent les plus faibles, même au prix de leur vie.

Poissons / Coq

De cette fusion naissent des personnes qui voient la beauté en toute chose, qui sont honnêtes jusqu'à la contradiction. Il y a de la musique dans leurs paroles parce qu'ils sont polis, ils sont courageux quand il s'agit de dire la vérité, même si leur esprit singe le tact.

Elles sont des battantes et savent développer un plan stratégique pour atteindre leurs objectifs. Elles sont très réceptives à la douleur des autres et sensibles à leurs émotions.

Chien

Bélier / Chien

Les personnes qui possèdent cette combinaison de signes sont agitées. Elles sont des précurseurs de la justice et ont toujours la capacité de se sacrifier pour les autres. Elles sont très respectables, ont des normes professionnelles élevées et se comportent honnêtement avec leurs amis.

Ces personnes ont un bon cœur, leur esprit est très méfiant et leur intuition leur permet de reconnaître quand quelqu'un les trompe. Elles détestent les personnes hypocrites et ne participent jamais aux commérages.

Taureau / Chien

Le mélange de ces deux signes donne naissance à des personnes fiables et dignes. Ils sont très responsables et nobles. Elles aiment voir le côté positif de chaque circonstance et font preuve de confiance et de gentillesse.

Elles sont très patientes, consciencieuses et ont des valeurs morales élevées. Elles savent écouter et n'imposent jamais leurs opinions. Elles sont tenaces en personne, obstinées et le tangible est un outil qu'elles utilisent toujours pour aller de l'avant.

Gémeaux/Chien

Un individu équilibré est le résultat de l'union de ces deux énergies. Il est parfois agité et manque d'intelligence émotionnelle, car il a tendance à se comporter de manière imprévisible.

Ils ont un tempérament sophistiqué qui les conduit à prendre des décisions irréfléchies et à décevoir leur entourage. Ils sont facilement offensés, bien qu'ils soient sociables et de nature fraternelle. Ils ne supportent pas la routine et sont curieux et actifs.

Cancer / Chien

Les personnes de ce signe sont réservées. Elles ont une double personnalité car elles sont très protectrices de leur entourage. Elles vivent leur vie avec beaucoup de passion et aiment leur famille, qu'elles protègent toujours. Elles ont tendance à se laisser emporter par les tentations, sont complaisantes et ont parfois tendance à être paresseuses et provocatrices.

Ils peuvent être facilement manipulés et doivent donc réprimer leurs doutes et isoler leurs émotions.

Lion/Chien

Ces personnes sont fières et sûres d'elles. Elles ne doutent jamais d'elles-mêmes et sont courageuses. Elles aiment être au centre de l'attention, sont des leaders et aiment tout contrôler. Elles sont contre l'injustice, leur personnalité est magnétique et elles inspirent les autres par leurs actions car elles ont beaucoup de courage.

Elles expérimentent librement leurs pensées, qui sont réalistes et protectrices. Lorsqu'elles sont trahies, elles se replient sur elles-mêmes, gardent rancune et évitent d'approcher les autres.

Vierge / Chien

Une combinaison qui donne naissance à des individus irréprochables, dotés d'une résistance à toute épreuve. Elles sont gentilles et pragmatiques, ne se trompent jamais lorsqu'elles prennent une décision parce qu'elles ont analysé tous les avantages et les inconvénients. Elles sont exigeantes dans leurs amitiés, choisissant des personnes aux valeurs élevées et honnêtes. La possibilité d'être rejeté les terrifie et ce sentiment les empêche de se consacrer pleinement aux relations. Elles inventent souvent des drames pour combler le vide lorsque la vie devient ennuyeuse.

Balance/Chien

Cette combinaison donne naissance à des personnes aimables, capables de sacrifier leurs propres intérêts pour le bien commun. Elles ont besoin que tous les domaines de leur vie soient équilibrés pour se sentir en sécurité. Elles sont leur pire adversaire, car elles testent cet équilibre en provoquant des situations extrêmes. Elles sont perspicaces et attentives aux autres. Elles sont capables de se concentrer, ce qui ne les dispense pas de commettre des actes irréfléchis.

Ils écoutent rarement les conseils, ont des intérêts variés et un sens de la compétition qui leur permet d'exceller dans le domaine de la création.

Scorpion/Chien

Ce mélange donne naissance à une personne arrogante. En fait, au fond d'eux-mêmes, ils sont très sensibles et compatissants, mais ils ne le montrent pas parce que c'est leur mécanisme de protection. Ce sont des mystiques, avec une intuition bien développée et un sens de la communication prudent.

Elles sont polies, loyales et aiment profiter pleinement de la vie sans trop réfléchir. Elles sont charismatiques et déterminées.

Sagittaire/Chien

Elles ne supportent pas d'être seules. Elles sont optimistes et disent ce qu'elles pensent sans restriction. Vous attirez toujours les autres dans votre vie grâce à l'énergie positive que vous projetez, c'est pourquoi votre cercle d'amis s'agrandit chaque jour.

Vous pouvez leur faire confiance, vous aurez une épaule sur laquelle pleurer et une main à tenir dans les moments les plus terribles.

Capricorne/Chien

Cette personne est calme et intelligente. Elle est sociable, responsable et compatissante. Elle est respectueuse et a des valeurs morales très élevées. Lorsqu'elles tombent amoureuses, elles sont très fidèles, mais jalouses. Le mensonge n'a pas sa place dans sa vie, c'est pourquoi elle fait confiance à tout le monde. Elles persévèrent avec ténacité et prennent beaucoup de responsabilités, cherchant à être considérées et respectées par les autres. Elles savent se gérer financièrement en tenant compte de leurs aspirations et de la meilleure façon de les réaliser.

Verseau/Chien

Ces personnes sont très responsables et n'ont pas besoin du soutien des autres. Elles accordent de l'importance à leur propre opinion avant celle des autres. Elles excellent dans n'importe quelle profession et savent se mettre à la place des autres parce qu'elles sont de bonnes amies. Souvent, elles ne reconnaissent pas la réalité et peuvent être obsédées par leurs perceptions.

Il est doté d'une intelligence supérieure, c'est pourquoi il estime que le reste du monde n'est pas à sa hauteur.

Poisson / Chien

Ces personnes ont tendance à vivre dans les nuages car ce sont des rêveurs. Elles sont prêtes à tout pour obtenir de l'argent, c'est pourquoi elles peuvent tomber dans un état de désespoir qui les conduit à commettre des actes illégaux. Par peur de la confrontation, elles se replient souvent sur elles-mêmes et deviennent très vulnérables.

Ils rejettent la discipline, aiment le drame, sont capricieux et intuitifs. Ils sont très méfiants, comprennent tout très bien et ne sont pas égoïstes avec leurs amis.

Cochon

Bélier / Cochon

Une combinaison qui donne des personnes très amicales et affables. Pacifiques de naissance, elles détestent les ennuis et les ragots. Elles évitent les conflits et les flairent de loin. Elles sont optimistes, ont une excellente santé mentale et émotionnelle et une capacité à travailler dur.

Elles ont tendance à se bercer d'illusions sur le plan sentimental, si bien que lorsqu'elles sont déçues, elles se transforment en meringue. Elles sont généreuses, toujours à la recherche de l'âme sœur et lorsqu'elles la trouvent, elles se donnent sans condition.

Taureau / Cochon

Un mélange qui donne naissance à des personnes très flexibles. Elles aiment s'amuser, sont joyeuses et ont beaucoup de patience. Elles sont travailleuses, combatives et ont bon cœur. Elles sont parfois désagréables lorsque les choses ne se passent pas comme elles le souhaitent. Leur générosité est parfois exploitée par des personnes peu scrupuleuses.

Elles sont compatissantes, méthodiques et à l'écoute de leurs émotions.

Gémeaux/Cochons

Une combinaison introduite dans le monde par des personnes joyeuses mais irresponsables. Ils ne peuvent pas avoir d'obligations parce qu'ils sont débordés.

Ils sont toujours en désaccord avec tout le monde et adorent se battre pour des choses insignifiantes. Elles sont jalouses de leurs partenaires, contrôlantes et peu sûres d'elles. Leur imagination est forte, elles voient des fantômes là où ils n'existent pas et leur réputation est douteuse.

Cancer/Cochon

Ce sont des personnes très autosuffisantes. Elles se prennent pour le nombril de l'univers et adorent que tout le monde s'intéresse à elles. Ils visent le succès et aiment la célébrité.

Il est joyeux et équilibré, mais très vulnérable aux critiques. Il a des sautes d'humeur soudaines et est très sincère dans l'expression de ses émotions. Il est essentiel pour lui d'avoir de l'argent, car il lie son état émotionnel à cette énergie.

Lion / Cochon

Ces personnes sont des leaders, elles aiment la bonne vie et s'efforcent d'obtenir le confort qu'elles estiment mériter. Cependant, elles sont très compatissantes et gentilles. Elles sont sensibles aux émotions des autres et généreuses avec leur famille et leurs amis. Elles contrôlent leurs finances et peuvent être égocentriques et capricieuses.

Elles aiment les réunions sociales et familiales où tout le monde se retrouve et apprécie leur présence charismatique et attrayante.

Vierge/Cochon

Ce lien donne naissance à des personnes raisonnables. Ils sont très discrets et méfiants. Ils excellent dans l'altruisme et, s'ils ne peuvent pas vous aider, ils vous conseilleront. Ils deviennent un rocher de glace lors des conflits et peuvent momentanément péter les plombs ou vous accuser de leurs maux. Elles peuvent être pessimistes et, lorsqu'elles reçoivent le soutien dont elles ont besoin, elles sont sujettes à des états dépressifs.

Ils sont persévérants dans ce qu'ils veulent accomplir, ils sont honnêtes et n'aiment pas les objectifs absurdes.

Balance/Cochon

Une combinaison qui se distingue par sa perspicacité. Ils ne franchissent jamais la ligne sans permission, que ce soit avec des amis ou des partenaires. Ils sont brillants dans les négociations et prudents dans leurs opinions.

Il fait de son mieux pour ne pas s'impliquer dans des situations conflictuelles. Il ne tolère pas le mensonge, la tricherie ou l'injustice.

Scorpion/ Cochon

Ces deux signes sont typiques des personnes qui semblent naïves, mais qui sont en fait très intelligentes. Ils aiment vous analyser pour voir ce que vous pouvez faire pour eux. Elles sont égoïstes et vaniteuses. Elles ont des stratégies sophistiquées pour gagner l'amour et l'amitié des gens. Ils sont charismatiques et aiment être au centre de l'attention.

Ils sont planifiés, détestent l'imprévu et passent très facilement de la joie à la tristesse.

Sagittaire / Cochon

Ces deux signes donnent naissance à des individus compatissants et optimistes. Ils se distinguent par leur honnêteté et leur répulsion pour les personnes bœuf fliques. Ce sont des personnes qui ne mâchent pas leurs mots, sont directes et apprécient qu'on leur parle. Elles apprécient l'opinion des autres, écoutent avec gratitude les conseils qu'on leur donne et font preuve d'une énergie enviable.

Ils réalisent tout ce qu'ils entreprennent parce que, lorsqu'ils ont un objectif, ils y consacrent toute leur énergie et leur concentration.

Capricorne/ Cochon

Les personnes présentant ces signes sont très détendues, traversent la vie sans se mettre en colère et savent qu'il y a toujours une seconde chance. Elles communiquent ouvertement et sont très amicales. Elles sont émotives, très agréables et on ne s'ennuie jamais avec elles lors des fêtes, car elles ont toujours quelque chose à nous dire.

Leur tempérament est fort, ils sont très dignes, on peut leur faire confiance et si vous leur confiez un secret, ils l'emporteront dans la tombe.

Verseau/Cochon

Cette combinaison montre une tendance à la pensée logique inhabituelle. En général, ce sont des personnes très équilibrées et leur esprit est toujours actif pour trouver les meilleures solutions à toute situation conflictuelle.

Ce sont des personnes aimables qui aiment aider, reconnaissent toujours leurs défauts et apprennent de leurs expériences. Elles sont connues pour leur sens du détail et, grâce à ce trait de caractère, elles sont les personnes idéales pour les emplois qui requièrent ce type de compétences,

Poisson/Cochon

La combinaison de ces signes est typique des personnes qui ont de nombreuses valeurs spirituelles. Elles sont pacifiques et, en toutes circonstances, essaieront de ne pas s'impliquer dans des conflits. Elles ne sont pas égoïstes et si elles doivent faire un effort supplémentaire pour vous, elles le feront sans hésiter.

Ce sont de grands travailleurs qui méritent d'être admirés ; ils donnent le meilleur d'eux-mêmes, même s'ils sont épuisés. Ils ne s'arrêtent pas lorsqu'ils sont fatigués, mais lorsqu'ils ont terminé.

Décorer la maison selon le Feng Shui

Le Feng Shui est une philosophie chinoise qui analyse l'environnement sur la base de la théorie du Yin et du Yang et des cinq éléments.

Les experts ont montré que dans la Chine ancienne, les zones entourées de montagnes et traversées par une rivière étaient régulièrement choisies. Non seulement parce que ces zones fournissaient les premiers critères de survie, mais aussi pour répondre aux normes fixées par le Feng Shui.

L'idée principale du Feng Shui est d'atteindre l'équilibre entre l'homme et l'univers. S'il y a des énergies positives, il y a équilibre, car le Feng Shui influence le destin de chacun.

Grâce à l'étude du Feng Shui, les êtres humains peuvent travailler sur leur compatibilité avec la nature, l'environnement et la vie pour atteindre une plus grande prospérité et une meilleure santé dans la vie.

Théorie des cinq éléments

La théorie des cinq éléments est une composante du Feng Shui. Ces éléments sont importants pour déterminer le Feng Shui approprié dans un espace donné. Les éléments sont le feu, la terre, le métal, l'eau et le s : Le feu, la terre, le métal, l'eau et le s, et chacun d'entre eux a une particularité qui symbolise des aspects spécifiques de la vie.

Les cinq éléments sont l'expression utilisée par le Feng Shui pour expliquer la structure de la nature, et ces éléments travaillent ensemble et doivent toujours être équilibrés.

Numérologie 2024

Selon la numérologie, 2024 ajoute le chiffre **8**.

Ce nombre est lié à l'abondance, au pouvoir, à l'équilibre et à la justice.

En cette année 2024, nous devons réévaluer notre rapport à la prospérité. Nous devons être organisés, payer nos dettes financières et organiser notre vie de manière plus efficace. C'est une année où nous devons valoriser notre temps et nous concentrer sur ce qui est important.

Nous devons apprendre à vivre sans peur et essayer de guérir nos blessures au niveau subconscient.

Cette année vous donnera l'occasion de prospérer spirituellement et matériellement. Pour ce faire, vous devez augmenter votre niveau d'estime de soi.

Cette année sera riche en défis, mais n'oubliez pas que vous en tirerez des enseignements.

Les critiques et les soulèvements contre les abus, les tyrannies, la violence et les dictatures se multiplieront dans le monde entier.

Quelle est la signification spirituelle du nombre 2024 ?

Les significations des différents chiffres qui composent le nombre 2024 selon la numérologie sont les suivantes :

Le chiffre 2 symbolise la dualité, la famille, la vie privée et la vie sociale. Vous apprécierez la vie domestique et les réunions de famille.

Le chiffre 2 indique une personne sociable, amicale et empathique. C'est le chiffre de la coopération, de l'adaptabilité et de la considération pour les autres. Ce nombre symbolise l'équilibre, l'unité et l'affinité. C'est aussi un excellent médiateur, honnête et diplomate. Il représente l'intuition et la vulnérabilité.

Le chiffre 4 établit la stabilité et évoque le sens du devoir et de la discipline. Il évoque la construction d'une base solide. Ce chiffre apprend à évoluer dans le monde matériel et à développer l'esprit logique.

Le chiffre 0 : tout commence au degré zéro et se termine au point zéro. Parfois, nous ne connaissons pas la fin, mais nous connaissons le début, qui est le point zéro.

Les cartes du tarot selon la numérologie 2024

La Force.

La force est à la fois la carte 11 et la carte 8 du Tarot. Cette carte du Tarot symbolise la constance, la force et la ténacité pour survivre.

Cet arcane représente la capacité à surmonter les obstacles. Le pouvoir de l'intelligence sur la force. Il représente également la patience, l'intuition et la réconciliation des contraires.

D'un point de vue astrologique, l'arcane La Force du Tarot est lié au signe zodiacal du Lion et à la planète Mars.

Cette carte de tarot a deux perspectives numérologiques : elle est le numéro 11 dans le Tarot de Marseille, un numéro de maître, et le numéro 8 dans le Tarot de Rider Waite.

La force est le prototype de l'endurance. Toujours en contact avec son intuition et sa créativité, mais avec un talent surdéveloppé, de la vivacité, de la perception et de la subtilité.

La Force a la capacité de contrôler les instincts les plus essentiels pour atteindre ses objectifs. Elle n'abandonne jamais, elle ne s'éteint pas, elle résiste.

La Force atteint invariablement ses objectifs, surmontant toutes les difficultés avec perspicacité et astuce.

Cet arcane mettra à l'épreuve votre résistance, votre force d'âme, votre tolérance, vos limites et, si vous voulez vraiment changer quelque chose ou atteindre un objectif, vous devrez persévérer sans renoncer à essayer.
Cela signifie que pour atteindre vos objectifs, vous devrez cesser d'être impatient, bannir la peur et enterrer votre ego.

Si, l'année dernière, vous avez essayé d'atteindre un objectif et que vous avez échoué, c'est que vous n'avez pas utilisé les bonnes méthodes. Cette année, la Force vous demande donc non pas de changer d'objectif, mais de changer votre attitude et les méthodes qui ne vous conviennent pas.

Vous devez utiliser les énergies de la Force des arcanes pour vous remplir de courage et d'endurance. Vous devez être stoïque, audacieux et déterminé à surmonter vos peurs, et vous ne réussirez qu'avec de la discipline et de la persévérance.

Rien ne vous empêchera d'atteindre vos objectifs, mais vous ne devez pas être pressé et vous ne devez pas tourner le dos aux défis qui se présentent à vous.

C'est un arcane de pouvoir, vous ne devez pas être pressé, acceptez les défis et continuez avec patience. Vous avez le pouvoir et l'endurance nécessaires pour vaincre. Ne vous sentez pas coupable des choses qui sont hors de votre contrôle, concentrez-vous sur vous-même, sur votre moi intérieur. Vous devez vous perfectionner pour donner le meilleur de vous-même.

En amour, cette carte du tarot indique la fidélité et la stabilité des relations. Elle symbolise l'effort quotidien que chaque couple doit fournir pour maintenir une relation saine afin qu'elle devienne une union heureuse.

D'un point de vue matériel, cette carte du tarot annonce qu'une saison prospère s'annonce et que, si vous êtes astucieux, vous saurez maîtriser toutes les situations, même les plus difficiles. Vous recevrez toute la reconnaissance que vous méritez, vous serez récompensé. C'est l'année de la réalisation de vos rêves.

Votre capacité de travail augmentera, vous serez persévérant et capable de planifier et d'aller plus loin, toujours en pensant à l'avenir.

Cette carte du tarot annonce que votre santé sera bonne, car vous aurez beaucoup de vitalité. Vous devrez être discipliné dans votre bien-être, mais vous êtes sur la bonne voie, vous serez en très bonne santé.

Cette carte du Tarot, **La Force,** vous rappelle que vous avez la capacité et la force intérieure d'atteindre tous les objectifs que vous vous fixez.

Nombre de Trajectoire de vie ou de mission

Pour calculer votre chemin de vie ou numéro de mission, le chiffre qui indique vos compétences et aptitudes et vous donne des indices sur les opportunités de votre vie, vous devez additionner votre date de naissance, c'est-à-dire faire la somme de tous les chiffres de votre date de naissance.

Par exemple, si un homme nommé Juan Carlos Pau est né le 7 décembre 1965, son numéro de naissance est le 4.

La procédure est la suivante :

7 + 1 + 2 + 1 + 9 + 6 + 5 = 31

Ce nombre est dérivé de la place numérique du mois dans l'année, qui est 12, de la date numérique du mois, qui est 7, et de la division numérique de l'année, qui est 1, 9, 6 et 5.

Comme 31 est un nombre composé, il est séparé et additionné :

3 + 1 = 4

Dans cet exemple, le nombre du chemin de vie de Juan Carlos est le 4, un nombre qui atteint ses objectifs grâce à une combinaison d'attitude tenace, de bon jugement et d'amour.

Signification du chiffre 1

Le chiffre un représente l'unité. Ces personnes se caractérisent par le désir de faire ce qu'elles veulent et d'imposer ces désirs à leur entourage. Ces personnes sont très intelligentes, car en apparence, elles vous font croire qu'elles ont accepté votre opinion, mais en coulisses, elles font ce qu'elles veulent.

Ce sont des personnes très énergiques et rebelles, mais la plupart d'entre elles réussissent, quelle que soit leur profession.

Ils veulent que les réalisations de leur vie laissent une trace et craignent de ne pas être reconnus au travail et dans leur carrière.

Le chiffre 1 représente la capacité à s'adapter et à réagir aux changements prévus et imprévus.

Elles symbolisent le mieux le leadership et la générosité. Ce sont des personnes intelligentes et extraverties. Elles ont une forte personnalité et sont enclines à être quelque peu égoïstes.

Les personnes ayant ce nombre vivent leur vie avec intensité, sans limites. Elles n'ont pas de problèmes éthiques et se comportent avec passion et insouciance.

Lorsqu'ils croient en une idée ou une cause, ils la défendent jusqu'au bout. Leurs convictions sont si profondes qu'ils sont prêts à se battre pour protéger ce qu'ils croient juste.

Ce sont des personnes déterminées ; lorsqu'elles se fixent un objectif, elles l'atteignent, même si elles rencontrent un million d'obstacles sur leur chemin. Elles ne craignent pas de se sacrifier.

Ils sont très amicaux et ont un grand sens de l'humour. Ils sont généralement populaires et c'est un plaisir de les côtoyer.

Ils sont sensibles aux offenses, mais ne prennent pas au sérieux celles qu'ils infligent eux-mêmes. Si quelqu'un les blesse profondément, ils n'hésitent pas à se venger et deviennent des individus cruels.

Leur mission dans la vie n'est pas seulement d'atteindre leurs propres objectifs, mais aussi d'aider les autres à les atteindre. Ils ont la capacité de motiver les autres.

Le défi pour les personnes ayant ce numéro est de ne pas être aussi égocentriques et de transmettre à leur entourage leur enthousiasme pour l'action.

Ce sont des personnes très indépendantes et si, en raison de certaines circonstances de la vie, elles doivent dépendre de quelqu'un d'autre, elles tombent dans la dépression.

Leur aspiration dans la vie est d'être indépendants et, une fois qu'ils y parviennent, ils se concentrent sur leur rôle de leader.

Quel que soit le secteur dans lequel il opère, le numéro 1 sera toujours aux commandes et dictera les règles dans son domaine de travail ou sa profession.

Les aspects négatifs du numéro 1 sont le narcissisme, l'égocentrisme et l'irritation. Ils sont parfois susceptibles d'avoir une ambition incontrôlée et d'être arrogants, vaniteux et impertinents.

Signification du chiffre 2

Les personnes portant le chiffre 2-2 sont caractérisées par leur protection, leur noblesse et leur affabilité.

Elles aiment accueillir des gens chez elles et s'occuper d'eux, ce qui les remplit d'exaltation et de plaisir. Elles sont généreuses et ont généralement beaucoup d'amis.

Ils aiment organiser des fêtes et n'oublient jamais les anniversaires des amis et des parents, sans oublier les anniversaires de mariage.

Les personnes portant le chiffre 2 sont toujours impliquées dans des activités communautaires ou affiliées à des groupes politiques. Ces activités satisfont leur besoin de reconnaissance et leur permettent de socialiser avec d'autres personnes.

2 est une personne attentionnée et serviable. Il aime se sentir aimé et utile.

L'enfance des personnes portant le chiffre 2 est bonne. Elles sont capables de donner de l'amour. Elles sont également très intuitives en ce qui concerne les émotions des autres et peuvent lire dans l'âme des autres. Elles détestent être seules.

Le numéro 2 typique possède toujours une maison pleine d'amis et, s'il ne peut pas venir, il a recours à de longues conversations au téléphone avec ses amis et ses proches.

La vie sociale et familiale est importante pour le numéro 2, qui se marie généralement très jeune en raison de son désir de fonder une famille et a souvent beaucoup d'enfants, ce qui fait de lui un bon parent.

Les conflits leur font peur car ils n'ont pas un esprit résistant et stable.

Elles excellent dans leur domaine professionnel, mais il leur est difficile d'atteindre le succès absolu parce qu'elles manquent de persévérance. Elles sont également un peu paresseuses, même si elles ne se l'avouent pas à elles-mêmes.

En cas d'échec, ils cherchent des excuses dans des facteurs externes, mais ne procèdent jamais à une analyse constructive des particularités de leur personnalité qui ont déclenché l'échec.

Leur aspiration est de capter l'attention des personnes qui les entourent. Pour ce faire, ils séduisent leur entourage en leur donnant ce qu'ils désirent. Le problème, c'est qu'ils promettent plus qu'ils ne peuvent tenir.

Ils peuvent devenir des parents très permissifs et élever des enfants désobéissants.

Ils sont attirés par les caresses, ils ont besoin de prendre dans leurs bras et d'embrasser tous ceux qu'ils aiment et ils adorent être embrassés et pris dans leurs bras.

Ils excellent dans les sports, en particulier les sports d'équipe.

Ils sont attachés à la nature et organisent donc souvent des excursions avec leur famille et leurs amis.

Si vos ressources financières le permettent, vous possèderez une maison à la campagne où vous serez heureux, en contact avec la nature et les animaux.

Au travail, les personnes ayant ce numéro sont celles qui travaillent avec le public et qui gèrent du personnel.

Signification du chiffre 3

Le chiffre 3 représente l'expansion. Ces personnes se caractérisent par leur perspicacité à réaliser tout ce qu'elles désirent.

Ce sont des personnes analytiques qui étudient en détail toutes les informations qui leur parviennent afin de tirer le meilleur parti de chaque opportunité.

Ils persistent dans leurs objectifs et sont prêts à tout pour les atteindre. Cependant, la force qu'elles ont déployée au début s'estompe au fil du temps et leurs objectifs ne sont pas atteints. Dans ce cas, elles changent de plan.

S'ils veulent quelque chose et qu'ils trouvent un chemin plus court pour atteindre leur destination, ils le suivront, que ce chemin soit moralement correct ou non.

Nombreux sont ceux qui manquent de volonté et d'endurance pour surmonter les difficultés auxquelles ils sont confrontés.

Leurs sentiments sont volatiles, un jour ils sont enthousiastes, mais un mois plus tard ils peuvent se désintéresser complètement de la question.

Les personnes ayant le chiffre 3 sont fascinées par le recommencement.

Tant qu'ils s'intéressent à quelque chose, ils y consacrent toutes leurs aptitudes mentales et leurs compétences, mais ils ne sont pas en mesure de maintenir cet intérêt longtemps.

La routine les fatigue et lorsqu'ils changent d'intérêt, ils redeviennent enthousiastes.

Il en va de même en amour. La personnalité 3 est narcissique et a du mal à entretenir des relations stables.

Elles sont séduisantes, chaleureuses, charismatiques et amicales. Si elles veulent conquérir quelqu'un, elles y parviendront car la personne ne pourra pas résister à leurs séduisantes méthodes de séduction.

Ils tombent généralement amoureux au premier regard et pensent que la personne qu'ils ont rencontrée est leur âme sœur.

Ils se sentent ainsi et, au début de leur relation, ils pensent déjà au mariage et aux enfants. Malheureusement, cela ne se produit pas car la passion disparaît avant qu'ils n'atteignent l'autel.

Ils ont tendance à avoir deux personnalités. D'une part, elles essaient de sauver les apparences, de paraître sûres d'elles aux yeux du monde et de soigner leur image. D'autre part, elles ressentent une insécurité intérieure et craignent que quelqu'un ne les démasque.

Ils suivent leur intuition : s'ils ont blessé quelqu'un, des excuses sincères ne poseront pas de problème.

Signification du chiffre 4

Le chiffre 4 symbolise la volonté. Les personnes portant le chiffre 4 confondent souvent ténacité et entêtement.

Ils ont tendance à défendre leurs opinions devant les autres et continueront à le faire, même si les faits leur donnent tort.

Ils ont du mal à reconnaître qu'ils ont tort et n'acceptent presque jamais leurs erreurs.

Le 4e est caractérisé par la responsabilité. Dans le travail, cette qualité est admirable. S'il doit terminer un travail, il peut veiller toute la nuit pour le faire à temps.

Au travail ou dans toute autre activité, le 4 aura une très bonne présence.

Il ne manquera à ses devoirs sous aucun prétexte, la seule chose qui pourrait l'en empêcher serait une maladie grave.

A la maison et avec leur partenaire, les n°4 sont des personnes difficiles car ils exagèrent les situations et ont tendance à se noyer dans un verre d'eau. Ils créent des problèmes pour des broutilles, ce qui irrite beaucoup leur entourage.

Ces accès de mauvaise humeur ne durent pas longtemps et le numéro 4 retrouve rapidement son calme et oublie l'incident.

Optimistes et sarcastiques, ils ont l'esprit vif et un sens de l'humour qui amuse leurs amis.

Ils ont une vision analytique du caractère des autres et peuvent déceler les défauts que les gens veulent cacher. Il est difficile de tromper un numéro 4 et ceux qui essaient sont victimes de leur satire.

Un numéro 4 a peu de chances d'assister à une fête et de passer inaperçu, car son sens de l'humour et sa personnalité extravertie l'amèneront au centre de l'attention.

Parmi ses aspects négatifs, on peut noter que le nombre 4 a tendance à connaître des moments de tristesse, durant lesquels il concentre ses énergies de manière négative.

Il passe généralement ces moments mélancoliques à analyser sa vie, mais à cause de sa mauvaise humeur et de son manque d'enthousiasme, il finit par être insatisfait de lui-même et de sa vie.

Vous vous sentez seul et vous ne parlez de vos pensées à personne. Vous aimez paraître confiant et optimiste et cacher vos insécurités.

Signification du chiffre 5

En numérologie, le chiffre 5 est connu comme l'ermite expert.

Les personnes ayant ce numéro considèrent la vie comme une aventure passionnante.

Ils sont analytiques et logiques et aiment découvrir les mystères de tout ce qui se passe autour d'eux. L'ignorance et le manque de connaissances les ennuient.

L'intelligence est leur meilleure vertu. Ils sont brillants et ils le savent, ils sont donc un peu arrogants, curieux et essaient d'accroître leurs connaissances.

Ce sont généralement des personnes mélancoliques et introverties. Cependant, elles savent écouter les autres et prodiguer des conseils.

Votre but dans la vie est d'apprendre et l'argent pour le numéro 5 n'est qu'un moyen de voyager ou de gagner du temps pour vous consacrer tranquillement à l'étude des sujets qui vous intéressent. L'enrichissement n'est jamais votre but et vos énergies seront concentrées sur quelque chose de plus élevé.

Ils ne sont pas très communicatifs et parfois même leurs amis proches les considèrent comme des inconnus. Il est important pour un numéro 5 de protéger sa vie privée et de maintenir une distance émotionnelle avec les autres, car il se sent ainsi protégé. Sinon, il s'isole des personnes auxquelles il tient le plus.

Les numéros 5 sont des intellectuels, mais ils peuvent aussi se consacrer à la vie religieuse.

Certains sont introvertis et apprécient la solitude comme personne d'autre. Ils détestent être harcelés et aiment que leur vie privée soit respectée.

Ils sont accueillants et nouent toujours des amitiés solides et durables, mais n'ont pas une vie sociale aussi active.

Ils ont une imagination et une capacité intellectuelle incroyables. Ils aiment profiter de leur temps car, pour eux, le divertissement est une façon de le gaspiller. Si cela ne tenait qu'à eux, ils consacreraient chaque minute de leur vie à l'étude.

Le numéro 5 a besoin d'affection et de se sentir aimé, mais il ne sait pas comment le demander ni comment s'adresser aux autres. Il est déconnecté de ses propres émotions, et ses propres sentiments lui sont étrangers, comme si c'était quelqu'un d'autre qui les ressentait.

Ils ont tendance à être égoïstes avec l'argent, ce qui ne signifie pas qu'ils sont impatients d'accumuler des richesses, mais plutôt qu'ils préfèrent gérer leurs ressources de manière à avoir l'esprit tranquille et à pouvoir consacrer leurs capacités intellectuelles à des sujets qui les intéressent vraiment.

Lorsque quelqu'un offense un numéro 5, il ne répond pas par des insultes ou des bagarres, mais si l'offense est grande, le numéro 5 retire son affection à l'offenseur. Lorsqu'un numéro 5 perd son affection pour quelqu'un, c'est pour toujours. Il est implacable et ne pardonne pas.

Signification du chiffre 6

Les personnes portant le chiffre 6 affichent une apparence paisible à l'extérieur. Ce n'est qu'une façade, car à l'intérieur, elles sont souvent tourmentées par des problèmes existentiels et des peurs.

Elles ressentent constamment un sentiment de danger, qui peut soit exister réellement, soit n'être que le fruit de leur imagination. Elles peuvent avoir une peur profonde du changement, des erreurs, de la solitude et de la trahison.

Elles souffrent d'insécurité et d'un manque de confiance en elles. Elles se croient incapables de faire face à des situations conflictuelles et cela les terrifie.

Elles communiquent bien en société malgré leur timidité. Cependant, elles ont tendance à se sentir observées et persécutées, et ne font donc confiance à personne. Elles doutent des intentions des gens et cette attitude les conduit parfois à s'isoler.

Les personnes portant le chiffre 6 détestent la confusion dans les relations amoureuses, elles disent clairement ce qu'elles ressentent et attendent la même chose de leur partenaire. Elles s'efforcent d'être gentilles et polies.

Le numéro 5 a une double personnalité, son monde intérieur est totalement différent de ce qu'il montre à l'extérieur.

Le numéro 6 a du mal à se connaître, il est instable et passe d'un optimisme exagéré à un pessimisme dramatique, il n'arrive pas à trouver l'équilibre.

Dans leurs relations, ils oscillent d'un extrême à l'autre ; s'ils rencontrent quelqu'un qui leur plaît, ils le considèrent immédiatement comme le meilleur ami du monde. Cependant, ils finissent par être désillusionnés et s'éloignent de cette personne.

Pendant l'enfance, les personnes ayant le chiffre 6 ont craint les personnes autoritaires. La plupart d'entre elles ont été élevées par des personnes possessives qui ont amplifié cette insécurité du chiffre 6.

À l'âge adulte, ils tentent de contrer ce sentiment d'insécurité en établissant une relation avec une personne qui les protège émotionnellement.

Lorsqu'il s'agit de prendre une décision, le numéro 6 est réticent à donner son avis ou à se prononcer sur une question. S'il est contraint de donner son avis, il est peu probable qu'il montre ce qu'il ressent vraiment, à moins qu'il ne soit avec des personnes en qui il a confiance.

Elles sont énergiques et efficaces au travail. Elles sont capables de se concentrer.

 Ils parviennent à gravir les échelons et à occuper des postes importants grâce à leur sens du détail et à leur persévérance.

Je suis capable de travailler en équipe et d'exécuter les ordres sans problème.

Ils sont attentifs aux membres de la famille et montrent facilement leur affection.

Signification du chiffre 7

Le chiffre 7 est considéré comme le chiffre le plus spirituel. Ces personnes ont une énorme capacité intuitive.

Ce qui les tourmente, c'est le sentiment de ne pas profiter pleinement de la vie. Ils ont constamment besoin de nouvelles expériences qui leur permettent d'apprendre et d'intégrer des connaissances. Elles aiment voyager, découvrir d'autres cultures, apprendre de nouvelles langues et sont prêtes à tout pour satisfaire leur désir d'aventure.

En général, les personnes portant le chiffre 7 ont eu une enfance où elles ont été stimulées intellectuellement, ont appris à penser par elles-mêmes et ont beaucoup de bon sens.

Vous aimez avoir des relations avec les gens et établir des liens permanents. L'amitié est une affaire sérieuse pour le numéro 7, qui a peu d'amis, mais qui entretient des amitiés à vie.

Elles sont compréhensives et compatissantes. Elles sont empathiques et se mettent à la place des autres.

Elles sont généralement impliquées dans des activités caritatives.

Il n'est pas facile de tromper un numéro 7 grâce à son intuition, car il détecte facilement le mal, le mensonge et les mauvaises intentions. Ils choisissent bien les personnes de leur entourage, aiment les personnes altruistes et se tiennent à l'écart des personnes insensibles et égoïstes. Cette attitude leur vaut la réputation d'être arrogants.

Ils souhaitent un équilibre entre la vie sociale et le temps passé seul pour réfléchir à leur situation.

Le numéro 7 est utopique, il entreprend des activités qu'il n'achève jamais ou fait des projets qu'il ne réalise jamais. Il est donc susceptible de souffrir de pessimisme.

Elles se laissent guider par leur intuition. Ils sont extravertis et aiment s'amuser. La solitude n'est jamais appréciée par le numéro 7 et provoque des changements dans son tempérament.

Les 7 se caractérisent par leur caractère studieux et introspectif. Ils aiment analyser les connaissances et adopter de nouvelles perspectives sur les sujets qu'ils découvrent.

Ils aiment les débats intellectuels, où ils peuvent défendre leur point de vue tout en écoutant celui des autres.

Durant l'enfance, le chiffre 7 a été amené à surmonter les peurs en faisant appel à l'imagination. Les personnes portant ce chiffre n'ont souvent pas eu de bonnes relations avec leurs parents et se sont rebellées contre l'autorité parentale. Quand elles le veulent, elles peuvent être tout à fait charmantes et s'attirer les faveurs de tout le monde.

Signification du chiffre 8

Les personnes portant le chiffre 8 se caractérisent par une grande sensibilité. En raison de cette sensibilité, elles sont influençables. Elles doivent être traitées avec douceur, car elles peuvent être facilement blessées.

Dans la sphère sociale, elles brillent par leur amabilité, leur charisme et leur vivacité d'esprit. Elles séduisent par leurs manières et leur éducation.

Elles jugent les autres avec une certaine sévérité. Elles ont tendance à être compréhensives à l'égard de leurs propres erreurs, mais dures et exigeantes à l'égard des erreurs des autres.

Ils n'acceptent pas que l'on souligne leurs erreurs et ne laissent guère passer celles des autres. L'indulgence n'est légitime que pour eux-mêmes. Elles peuvent être un peu cruelles.

Le numéro 8 a généralement une très bonne image de lui-même et le démontre par des commentaires sarcastiques.

Au travail, elles ne savent pas travailler en équipe, sont rebelles et génèrent beaucoup de conflits. Ils sont enclins à s'apitoyer sur leur sort et pensent qu'ils sont les personnes les plus malheureuses et misérables de la planète.

Sur le plan émotionnel, ils sont très inconstants : un jour, ils peuvent être très intéressés par quelque chose ou quelqu'un, et le lendemain, ils peuvent s'en désintéresser complètement. En amour, elles peuvent être très affectueuses à un moment et totalement indifférentes le lendemain.

Ils aiment voir leurs souhaits se réaliser et utilisent les mots pour y parvenir, car ils sont d'excellents orateurs et peuvent facilement convaincre n'importe qui.

Leur comportement varie selon leur convenance. Ils sont rebelles sans raison et n'aiment pas suivre les ordres. Cependant, si cela leur convient, ils se comportent comme les personnes les plus dociles du monde.

Amoureux de l'argent, les numéros 8 vivent confortablement sans problèmes financiers. Ils sont économes et bons gestionnaires.

Si quelqu'un les blesse, ce qui est facile, ils deviennent vengeurs et ne s'arrêtent pas tant qu'ils n'ont pas l'impression d'avoir été récompensés en nature. Cependant, avec les personnes en qui elles ont confiance, elles sont sensibles et toujours prêtes à aider leurs proches.

Le numéro 8 n'est pas une personne mélancolique ou réfléchie. Il aime profiter des plaisirs de la vie sans se poser de problèmes philosophiques ou existentiels. Il est généralement de nature joyeuse dans ses relations avec les autres.

Signification du chiffre 9

Les personnes portant le chiffre 9 sont mentalement indépendantes et souffrent si elles se sentent contraintes.

Leur personnalité est extrêmement optimiste, ils parviennent à trouver un côté positif à tout, indépendamment du caractère dramatique de chaque situation.

Il est direct et honnête et, s'il a des collaborateurs sous ses ordres, il prend des décisions impartiales. Cette caractéristique lui vaut rapidement l'estime de ses subordonnés.

Ils détestent la trahison ; s'ils trahissaient quelqu'un, ils ne se le pardonneraient jamais. Elles savent dire les choses de manière à ne blesser personne. Dans la sphère sociale, elles se distinguent par leurs réponses brillantes.

Elles sont observatrices et ont le souci du détail. Elles savent à qui faire confiance et à qui ne pas faire confiance, bien qu'elles ne traitent jamais personne mal.

Ils ne sont jamais de mauvaise humeur, leur caractère est joyeux et c'est pourquoi tout le monde veut être avec eux.

Le péché du numéro 9 est la paresse. Il n'est pas actif, il aime dormir et se reposer sans rien faire. Ils sont méfiants et se laissent facilement influencer par les autres.
Ils n'ont pas d'objectifs clairs et se laissent emporter par les idées des autres. Parfois, ils sont irresponsables, se laissent emporter par leurs émotions et ne pensent pas aux conséquences.

En général, ils ont de la chance, mais par négligence, ils ratent des occasions que d'autres auraient pu saisir immédiatement.
Ils craignent les difficultés, les fuient lorsqu'elles se présentent et sont incapables de faire face à des situations difficiles.

En amour, le 9 peut avoir tendance à exagérer ses sentiments, mais il est passionné.

Le pessimisme de votre entourage ne vous affecte pas, car votre optimisme résiste à toutes les situations.
Ils ne sont pas rancuniers, ils oublient rapidement les offenses. Ils ont un cœur et une âme nobles.

Elles sont généreuses et toujours prêtes à justifier les fautes des autres ; elles ne sont pas exigeantes envers les autres.

Elles renoncent souvent à leurs propres désirs pour se conformer aux attentes des autres. Ce ne sont pas des battants, ils ont donc tendance à abandonner facilement.

Le phénomène de la répétition des chiffres.

Il est vrai que nous sommes entourés de chiffres et en contact avec eux à chaque seconde, mais il arrive que nous ayons l'impression que certains chiffres nous suivent, partout où nous regardons, nous les voyons se répéter : sur les montres, les ordinateurs, les plaques d'immatriculation des voitures, à la télévision, sur les tickets de caisse et même dans nos rêves. Il n'y a pas de coïncidence, il y a synchronisation, et ce phénomène s'appelle la synchronisation numérique.

Peut-être était-ce rare dans le passé, mais chaque jour, de plus en plus de personnes sont témoins de ce phénomène et beaucoup remettent en question les modèles établis pour tenter de trouver une réponse valable.

Les experts en la matière affirment que ce mystère, associé à une conscience globale plus élevée, crée des sentiments qui font évoluer spirituellement de nombreuses personnes. Le fait de voir des chiffres de manière répétée peut également être considéré comme un signe. Nous avons presque tous des nombres que nous considérons comme chanceux ou favoris et il peut arriver que nous voyions soudainement ce nombre partout. Lorsque nous recevons ce genre de message, le plus souvent caché à nos yeux mais pas à notre esprit, cela montre que nous avons la capacité de percevoir d'autres réalités.

De l'Antiquité à nos jours, la science sacrée de la numérologie a conservé son importance. Les nombres enseignent des opportunités de croissance, des leçons de vie et des instructions dans chaque expérience.

Certaines personnes voient des séquences numériques dans certains événements importants, mais les plus courants sont 11 :11, 222 et 333. Tous ces nombres, selon l'astrologie et la numérologie, sont des nombres maîtres ayant une signification unique, représentant différents aspects du moi intérieur, de la personnalité à la spiritualité ; ces nombres sont plus influents que d'autres et attirent donc notre attention.

11 :11 - Observez attentivement vos pensées et veillez à ne penser qu'à ce que vous voulez et non à ce que vous ne voulez pas. Cette séquence indique qu'une opportunité se présente et que vos pensées se matérialisent très rapidement.

222 - Nos idées nouvellement plantées commencent à porter leurs fruits. Continuez à les cultiver et elles se manifesteront bientôt. En d'autres termes, n'abandonnez pas cinq minutes avant que le miracle ne se produise.

333 - Les maîtres ascensionnés sont proches de toi et ils veulent que tu saches que tu as leur aide, leur amour et leur compagnie. Invoquez souvent les

maîtres ascensionnés, surtout lorsque vous voyez des schémas se former autour de vous avec le chiffre 3.

Ces figures augmentent la conscience et la perception parce qu'elles offrent un canal vers le subconscient.

Ce phénomène se produit de manière inattendue, mais au bon moment et pour une raison précise, changeant parfois le cours de notre vie et influençant nos pensées. Lorsque l'univers a un message à nous transmettre, c'est l'une des façons d'attirer notre attention. Nous devons rester réceptifs au monde qui nous entoure, car les nombres sont le langage de la nature et tout ce qui nous entoure peut-être représenté par des nombres.

"Tout dans l'univers est mathématiquement précis et chaque nombre a sa propre énergie, sa propre vibration et sa propre signification. La disposition des nombres dans une séquence a une signification particulière". Pythagore

Numérologie pour les personnes nées en 2024

Enfant numéro 1

Vous serez un enfant doté de compétences en matière de leadership. Vous aurez une capacité innée à négocier, à contrôler et à gérer des personnes et des projets.

Enfants numéro 2

Ce sont des enfants calculateurs et puissants. Ils auront une attitude positive face aux défis de la vie et une grande confiance en eux.

Enfants numéro 3

Ils seront des enfants très justes, raisonnables et calmes.
Ces enfants défendent toujours les bonnes causes. Ils sont très perspicaces et ont un état de conscience élevé.

Enfants numéro 4

Ils seront des enfants toujours à la recherche de défis, ils ne craindront pas les obstacles, car ces revers les rendront plus forts.

Enfants numéro 5

Ce seront des enfants financièrement capables, mais pas matérialistes. Ils auront d'excellentes compétences en matière d'argent et de gestion d'entreprise. Ils peuvent avoir des compétences en mathématiques.

Enfants numéro 6

Ce sont des enfants qui s'efforcent de maintenir un équilibre entre le monde matériel et le monde spirituel. Ils essaieront toujours de maintenir l'harmonie entre leur vie professionnelle, sociale et personnelle.

Enfants numéro 7

Ils seront des enfants responsables et généreux. Ils sont intelligents et aiment aider les autres. Ils seront également très spirituels.

Enfant numéro 8

Ces enfants seront très stables et maîtres d'eux-mêmes. Ils seront organisés, stables et très prospères.

Enfants numéro 9

Ce seront des enfants au caractère bien trempé. Ils sont travailleurs et assidus. Elles sont indépendantes et font preuve d'une incroyable force de détermination.

Définition de l'année personnelle

Chaque fois qu'une nouvelle année commence, il est probable que vous vous posiez des questions et que vous écriviez des objectifs sans savoir quels défis la nouvelle année vous réserve.

Lorsqu'une année commence, un chapitre de notre vie se ferme, mais un cycle commence qui nous met au défi, car nous ne sommes pas sûrs que tous nos rêves se réaliseront.

Qu'est-ce qui m'attend dans la nouvelle année : vais-je acheter une maison, trouver un nouveau partenaire, changer de travail ? Est-ce la bonne année pour avoir des enfants ?

Il est important d'avoir l'esprit ouvert lorsque nous ne sommes pas sûrs de ce qui est nouveau ou différent. Mais avec la numérologie, nous avons la possibilité d'utiliser notre année personnelle et de nous faire une idée de la façon dont les choses pourraient se dérouler.

Les numéros d'année universels sont différents des autres car ils ne dépendent pas du nom et de la date de naissance. Les deux premiers chiffres du numéro de l'année représentent l'équilibre du siècle. Le troisième chiffre du numéro de l'année symbolise le rythme de la décennie. Le quatrième chiffre n'a pas de signification particulière.

Comment calculer votre année personnelle.

En voici un exemple :

Juan Carlos est né le 7 décembre 1965.

Pour connaître votre année personnelle 2024, nous avons fait ce calcul :

7 (jour de naissance) + 1+2 (mois de naissance) + 2 + 0 + 2 + 4 (début de l'année) = 18 (1 + 8) = 9

Pour Juan Carlos, 2024 est une année 9 personnelle.

Ce nombre est important, surtout si le résultat est l'un des nombres maîtres : 11, 22 et 33.

L'année personnelle décrit ce que vous avez à faire pendant cette période. Il s'agira de choix, de changements ou de renforcements qui enrichiront votre parcours.

Année personnelle 1

Mots clés pour l'année 1 : Transformation, Recherche, Implication.

Un nouveau chapitre de votre vie s'ouvre. Il est probable que vous changiez de domicile, que vous trouviez un nouvel emploi ou que vous rencontriez de nouvelles personnes qui changeront votre vie pour toujours.

Cette année jettera les bases de nouveaux projets et de nouvelles idées. C'est une période de renaissance. Vous devriez voir cette année comme le moment idéal pour changer plusieurs aspects de votre vie, il y a des choses qui ne vous conviennent plus et dont vous devez vous débarrasser.

Cette année vous invite à prendre courage et à essayer de réaliser vos rêves ; vous aurez vraiment l'enthousiasme de faire des changements. Prenez courage et explorez de nouvelles opportunités et attitudes qui vous aideront à changer l'orientation de votre vie.

Cette année 2024 est une invitation personnelle à faire confiance, à réfléchir à ce que vous voulez, à choisir objectivement et à décider ce que vous voulez réussir. Essayez de choisir ce qui vous rend vraiment heureux.

Commencez à dresser la liste des choses que vous voulez changer, y compris les améliorations dans votre vie quotidienne, comme changer vos habitudes alimentaires ou faire de l'exercice. N'oubliez pas que pour commencer quelque chose, il faut le planifier avec persévérance et détermination.

Cette année est l'occasion idéale de clore un cycle ; vous devez laisser derrière vous tout ce qui ne vous sert pas. Concentrez-vous sur ce qui vous aidera à grandir, à vous développer ou à apprendre. Ne craignez pas de laisser tomber ce qui vous a été utile dans le passé.

Il faut oublier le passé et se tourner vers l'avenir. Trop de choses se sont produites qui ont pu embrouiller votre esprit ; ces choses vous empêchent d'accéder aux chemins qui mènent au bonheur.

Si vous avez des entreprises et des projets, essayez de les développer sans forcer les choses. Essayez de donner un rythme à tout.

Essayez de ne pas contracter de nouvelles dettes.

La vie vous récompensera.

Année personnelle 2

Mots clés pour l'année 2 : responsabilité, harmonie, stabilité.

Cette année, vous devriez continuer à construire. L'année 2024 vous permettra de trouver des mentors, des enseignants ou même un partenaire. Les énergies de l'année sont axées sur la coopération et la patience.

Vous entrez dans une phase de développement et devez concrétiser vos initiatives. Cette année 2 peut sembler lente, mais c'est une période de définition de vos objectifs.

Il est probable que vous rencontriez des obstacles ou des personnes qui tentent de restreindre votre chemin ; il est donc important de ne pas vous laisser submerger et de ne pas vous angoisser. Vous ne devez pas vous préoccuper de ce qui entrave vos efforts, c'est une évolution naturelle qui fait partie de votre processus de croissance.

Vous devez apprendre à faire preuve de plus de diplomatie et de tact. Les gens peuvent sembler distraits, mais cela ne doit pas vous empêcher de vous faire de nouveaux amis.

Si, lorsque vous avez fait le calcul, la somme était de 11, cela signifie qu'il est temps de respirer, d'évoluer et de prendre conscience.

L'année des bénédictions est à nos portes. Essayez de vous débarrasser de toutes les personnes toxiques si vous voulez avoir une année prospère, ne faites confiance à personne.

L'année 2024 vous offre l'opportunité de vous défaire des soucis du passé et de prendre les rênes de votre vie avec plus d'enthousiasme.

La vie vous présentera de tout nouveaux projets et vous donnera l'occasion de construire votre avenir si vous laissez le passé derrière vous. C'est l'année où il faut penser à soi, dépasser les limites et ne pas s'auto-saboter.

Il faut être courageux et aborder la vie de manière positive.

Année personnelle 3

Mots clés pour l'année 3 : Agilité, Créativité, Information.

C'est l'année où vous chercherez à partager votre sagesse avec le monde. Vous aurez le sentiment de faire partie d'un ensemble plus vaste et vous éprouverez beaucoup de satisfaction et d'épanouissement.

Vous devez vous débarrasser des sentiments de restriction que vous avez accumulés. La seule façon d'obtenir des résultats cette année est de laisser votre créativité s'exprimer. Libérez-vous de la rigidité, laissez libre cours à votre imagination. Vous avez besoin d'aller plus loin.

Trouvez un nouveau passe-temps, changez vos habitudes,
Commencer à mettre en œuvre de nouvelles idées et solutions pour relever les défis rencontrés en cours de route.

Vous devrez travailler dur, mais vous aurez l'occasion de renforcer vos liens individuels et d'établir des relations plus formelles. Ces liens seront mis à l'épreuve : certaines relations ne vous conviennent pas. Elles peuvent vous apporter beaucoup de plaisir, mais elles ont un côté sombre. Essayez d'établir des objectifs communs avec les personnes que vous aimez.

Au cours de cette année, vous devrez accorder plus d'attention à votre alimentation et à votre repos, car vos niveaux d'énergie seront faibles.

Année personnelle 4

Mots clés pour l'année 4 : renouvellement, restauration, innovation, affirmation de soi.

Cette année, vous devez travailler dur et être organisé. Si vous parvenez à rester dans le présent, vous arriverez à vos fins.
Le moment est venu de réfléchir et d'analyser vos objectifs personnels. Vous devez établir un plan pour atteindre quelque chose de spécifique et de bien structuré.
Essayez de penser à votre avenir, de prendre des responsabilités et d'organiser soigneusement tous vos projets. Vous serez peut-être un peu autocritique, ce qui vous amènera à affermir vos points de vue et à devenir plus déterminé et plus résolu. C'est une bonne chose, car cela vous permet de prendre conscience de tous les changements qui interviennent dans votre environnement.
Cela aura inévitablement un effet positif sur les relations familiales et les amitiés proches. Vous vous affirmerez davantage, ce qui aura un impact positif sur vos relations personnelles.
Si vous vous organisez, ce sera une année de prospérité, d'abondance et de triomphes. Ayez confiance en vous, car vous pourrez retrouver votre enthousiasme et vivre avec enthousiasme.

L'inertie est votre pire ennemi cette année, tout comme les pensées négatives. Le destin vous offre la possibilité de réaliser tout ce que vous désirez, alors osez-vous battre pour ces rêves.

Année personnelle 5

Mots clés pour la cinquième classe : Caractère, Volonté, Effort, Courage, Reconnaissance, Visualisation.

Une année au cours de laquelle vous vivrez de nombreuses aventures, émotions et où vous aurez l'occasion de planter des graines dans l'intention de réussir.

La cinquième année est comme une injection d'enthousiasme pour vous ; par conséquent, planifiez à l'avance car c'est une année de nombreux changements. Vous devez être prêt à faire face à certains événements imprévus. Essayez d'être réceptif à toutes les opportunités et à tous les défis.

Il faut être lucide, prudent et ne jamais sous-estimer son potentiel.

Essayez d'élargir votre cercle d'amis, de soigner votre image publique et de faire attention aux contrats que vous devez signer.

Prenez soin de vous et vous obtiendrez le succès que vous méritez. Prenez les habitudes qui vous garantiront la prospérité dans les années à venir. Calculez vos risques et saisissez les occasions idéales lorsqu'elles se présentent.

Ne vous précipitez pas et agissez raisonnablement, en pensant toujours à ce qui est le mieux pour vous à long terme. Oubliez les résultats immédiats et acceptez que les choses prennent du temps et que vous ne pouvez pas toujours vous attendre à ce qu'elles se produisent quand vous le souhaitez.

Personnel de l'année 6

Mots clés pour l'année 6 : réorganiser, relancer, réformer, remplacer, manifester, diffuser, transmettre, informer, participer.

L'année 2024 vous offre la possibilité de guérir vos blessures sentimentales et de vous débarrasser de toutes les émotions refoulées qui dorment dans votre subconscient.

Vous serez très concentré sur le foyer et la famille. C'est le moment idéal pour créer un environnement plus stable et plus harmonieux autour de vous.

Il est essentiel que vous appreniez cette année à partager tout ce que vous avez reçu en abondance. Vous devez également éviter les actions impulsives afin de ne pas commettre d'erreurs.

Agissez toujours de manière éthique, essayez de rester calme et confiant dans vos décisions. Vous obtiendrez des résultats incroyables et tout cela grâce à votre courage. Tout ce qui était paralysé se mettra soudain à couler et vous vous sentirez libéré. Il peut y avoir des périodes d'instabilité, mais elles sont nécessaires pour briser la routine.

Vous aurez l'occasion de voyager, de vous amuser et de contrôler les excès de toute nature.

Année personnelle 7

Mots clés pour l'année 7 : Investigation, Observation, Vérification, Contrôle, Transformations, Métamorphose.

Cette année apportera de nombreux changements. Ces changements peuvent concerner les amitiés, les relations, le travail et la maison.

Il y a la possibilité de rencontrer quelqu'un d'important qui vous aidera à progresser dans votre profession ou peut-être à vous fiancer.

Il s'agit d'une année "entre parenthèses", puisqu'il y aura une pause pour
Valoriser tout ce que vous avez fait. Vous devez vous débarrasser de tout ce qui ne fonctionne pas, qu'il s'agisse d'objets ou de relations.

Pour ce faire, vous devez aiguiser vos capacités d'analyse et ne pas craindre d'analyser en profondeur ce qui vous limite.
Grâce à ces processus de purification, vos relations seront discutées. La confrontation permet d'éliminer les erreurs et les fautes.
Vous serez attiré par des thèmes ésotériques, mais vous grandirez spirituellement. N'oubliez pas que chacun entre dans cette vie avec un contrat différent du vôtre et que vous ne devez pas juger le chemin des autres. Chacun est là où il doit être.

Année personnelle 8

Mots clés pour l'année 8 : succès, évolution, restauration, transformation, réhabilitation, reconstruction, prospérité.

L'abondance et le succès viendront à vous. Vous vous sentirez béni par toutes les opportunités qui se présenteront à vous. Cette année personnelle est liée au karma, donc si vous avez bien travaillé, des dividendes vous attendent. Ce sera une année importante au cours de laquelle vous serez très occupé.

Cette année, vous devez remettre chaque pièce à sa place. Il est temps de prendre des décisions, de réfléchir et de choisir ce que vous voulez et qui vous voulez dans votre vie.

Vous aurez davantage confiance en vous et disposerez d'une plus grande capacité mentale pour relever les défis. Vous devriez prendre des risques et entreprendre des études qui vous aideront à progresser dans votre profession.
Vous devriez profiter de moments de solitude, accompagné de vos pensées, loin de l'agitation des médias sociaux. Pratiquez la méditation combinée à des techniques de respiration.
N'accordez pas trop d'importance aux questions superflues et aux personnes toxiques.

Année personnelle 9

Mots clés pour l'année 9 : Surmonter, Terminer, Conclure, Réaliser, Sentir, Percevoir, Éduquer, Former, Étudier, Expérimenter, Approfondir.

Cette année, il sera difficile de résister au changement. C'est une année de fin. Jetez ce qui est inutile et tenez-vous à l'écart des vampires énergétiques.

Entourez-vous de personnes qui vous apportent connaissances et bonne énergie. Protégez-vous de la magie noire. Organisez votre maison, jetez ce que vous n'utilisez pas, les objets abîmés, car cela fera de la place pour le nouveau.

Le destin vous crie à l'oreille ce que vous voulez vraiment et si vous êtes prêt à vous battre pour l'obtenir.

L'engagement de cette année est le vôtre, vous devez Laissez tomber vos peurs et vos insécurités, car pendant cette période, vous devez être vigilant et ne pas trop vous plaindre.

A propos des auteurs

Outre ses connaissances astrologiques, Alina A. Rubi possède une riche expérience professionnelle. Rubi possède une riche expérience professionnelle ; elle est certifiée en psychologie, hypnose, reiki, guérison bioénergétique avec des cristaux, guérison angélique, interprétation des rêves et est formatrice spirituelle. Elle a des connaissances en gemmologie, qu'elle utilise pour programmer des pierres ou des minéraux afin d'en faire de puissantes amulettes ou des talismans de protection.

Rubi a une nature pratique et orientée vers les résultats, ce qui lui a donné une vision spéciale et intégrative des différents mondes, facilitant la recherche de solutions à des problèmes spécifiques. Alina rédige des horoscopes mensuels pour le site web de l'Association américaine des astrologues, qui peuvent être consultés à l'adresse www.astrologers.com. Elle tient actuellement une chronique hebdomadaire dans le journal El Nuevo Herald sur des sujets spirituels, publiée tous les vendredis en format numérique et les lundis en format papier. Il propose également un programme et un horoscope hebdomadaire sur la chaîne YouTube du journal. Son annuaire astrologique est publié chaque année dans le quotidien Diario las Américas, avec la rubrique Rubi Astrologue.

Rubi a écrit plusieurs articles sur l'astrologie pour la publication mensuelle "Today's Astrologer" et a donné des cours sur l'astrologie, le tarot, la lecture des lignes de la main, la guérison par les cristaux et l'ésotérisme. Il diffuse chaque semaine une vidéo sur le thème de l'astrologie sur la chaîne YouTube de New Herald. Elle a sa propre émission d'astrologie diffusée quotidiennement sur Flamingo T.V., a été interviewée dans le cadre de divers programmes télévisés et radiophoniques et publie chaque année son "Annuaire astrologique", qui contient des horoscopes signe par signe et d'autres sujets mystiques intéressants.

Il est l'auteur des livres "Riz et haricots pour l'âme" Partie I, II et III, un recueil d'articles ésotériques, publiés en anglais et en espagnol, "De l'argent pour toutes les poches", "L'amour pour tous les cœurs", "La santé for all bodys", "L'annuaire astrologique 2021, l'horoscope 2022, les rituels et les sortes pour réussir en 2022, les sortes et les secrets, les leçons d'astrologie, les rituels et les sortes 2024 et l'Horoscope chinois 2024, tous disponibles en sept langues.

Il possède une chaîne YouTube consacrée à la psychologie, à l'ésotérisme et à l'astrologie, où vous pouvez regarder des vidéos sur l'âme sœur, la réincarnation, le langage corporel, le voyage astral, le mauvais œil, les sortilèges et bien d'autres sujets.

Rubi parle couramment l'anglais et l'espagnol et combine tous ses talents et connaissances dans ses lectures. Elle vit actuellement à Miami, en Floride.

Pour plus d'informations, veuillez consulter le site www.esoterismomagia.com.

Angeline A. Rubi est la fille d'Alina Rubi. Elle s'intéresse à tous les sujets ésotériques depuis son enfance et pratique l'astrologie et la Kabbale depuis l'âge de quatre ans. Elle connaît le Tarot, le Reiki et la Gemmologie. Elle est non seulement l'auteur, mais aussi l'éditeur de tous les livres publiés par elle et sa mère.

Pour de plus amples informations, veuillez la contacter par courriel : rubiediciones29@gmail.com